採用現場の教科書

中小企業が新卒採用で成功するためのシンプルな方法

笹木耕介 著

セルバ出版

はじめに

「社員教育も大切なことはわかっているけど、今は採用活動に集中すべきときだから」。

2005年当時、人材会社で社員研修のセールスをしていた私は、とある企業の人事担当者からこのようなことを言われました。

たしかに、研修を行って経営幹部を育てる取り組みは、重要な経営課題ではありますが、緊急かと言われれば、必ずしもそうではないかもしれません。

それに対して、採用活動は重要であると同時に緊急の案件です。人事担当者からすれば、まずは不足している人員を補充することに目が向くのは当然でしょう。

採用について右も左もわからない私は、最初は「そんなに大変なことなのか」という程度にしか感じていませんでしたが、日々企業訪問をしていると、どの会社でも同じような課題を耳にします。今思えば、当時は空前の「売り手市場」だったわけです。

新規営業で毎回そのようなことを言われると商談があっさり終わってしまうので、私は採用のどのような部分が大変なのかを自然と訊くようになりました。

そうこうするうちに、企業の採用活動と求職者の就職活動との間には、目には見えない複雑さがあることや、お互いの思い違いなどから上手くマッチングしないことがあることなどが、だんだんと理解できるようになってきたのです。

当時、採用担当者を悩ませていたキーワードの1つは「内定者の辞退」。

ＷＥＢを活用した就職活動が主流となり、情報があふれ出るようになると、学生は業種や職種を絞らずに就職活動をするようになりました。そして、数社から内定をもらった後に困るわけです。「自分に合っている会社って、いったいどんな会社なのだろう？」

悩みに悩んで、従業員規模や福利厚生などのキーワードで1社に絞るわけですが、同条件の企業から内定が出ている場合は、絞り切ることもできません。

学生にとっては、情報に足を取られて溺れてしまうという事態が起きていました。一方、企業にとっては「内定を出したからといって安心できない」という事態が起きていたのです。

そこで私たちは、内定辞退を食い止めるために、研修でのノウハウを使って自己分析やキャリア形成について考えてもらう企画などを自社で開発し、それらを特に採用に悩みを抱えている企業へ案内してみたのです。

すると、数百万円、時には数千万円以上かけてもうまくいかない採用がスムーズに進むなら、と何社からも契約をいただくことになりました。

そこから私の採用支援がスタートしたのです。

当時は内定者研修という言葉も似たようなサービスも今より少なかったため、辞退率はかなり改善できました。

その数年後。

2008年にリーマンショックによって求人倍率は低下し、一気に「買い手市場」へ。少しずつ求人倍率が回復してきたかと思えば、2011年には東日本大震災で採用活動も先行き不透明に。そして、2019年からは新型コロナウイルスの流行により、採用市場は大きく変貌しました。

数年に一度のペースで採用市場が大きく変わっていくだけでなく、テクノロジーの進歩とともに採用手法にも大きな変化がありました。ただでさえ、ノウハウをアップデートし続けること自体に苦労するわけですが、人事にはもう1つ大きな課題があります。

それは、人事担当者が異動や転職によって数年に一度入れ替わるということです。

職人技ともいえる採用活動ですから、そのノウハウを持った担当者が変わってしまえば、採用が上手くいかなくなるのは当然でしょう。

超人気企業であれば、とりあえず母集団形成はできるので何とかなりそうですが、残念ながら、そのような企業はごく一部なのです。

ありがたいことに私は2005年から現在まで、さまざまな社会の変化を目の当たりにしながらも、内定者のフォローや面接対応、広告の効率的な打ち出し方、採用の全体設計といった形で、支援の領域を広げてきました。

その中で感じたのは、市場や手法が大きく変わり、それらに追いついていこうとするあまりに、根本的なことや重要なポイントを疎かにしてしまっている企業がいかに多いかということです。決して難しいことばかりではないので、「つい、うっかり」ということでしょう。

本書は、私が今まで業種業態を問わず、さまざまなクライアントを支援し成功したポイントを、採用のフェーズごとにおさえていただけるように構成されています。

採用は、時期に応じて取り組まねばならないことが変化します。その時々の問題意識に即して、必要な章から読んでいただければ幸いです。

本書が1人でも多くの採用担当者のお役に立てることを願っております。

2023年2月

笹木　耕介

採用現場の教科書
中小企業が新卒採用で成功するためのシンプルな方法　目次

第2章　「人を採りたい！」～中小企業が押さえておくべき5つの基礎～

第3章　欲しい人材を「集める」ための4つの実践～応募から選考へ導くためのノウハウ～

第6章　欲しい人材を「集めて、惹きつけて、逃がさない」ための4つの鉄則
～最適な採用計画設計のポイント総まとめ～

第1章

「人が採れない！」
～中小企業が直面している5つの課題～

課題1　就活生の価値観の多様化

最近の就活生に見られる傾向

現代は価値観が多様化した時代だといわれますが、いわゆる人材業界に長く身を置いていると、その事実を肌でひしひしと感じます。

特に就職市場の場合はその傾向が顕著で、昭和から平成の初期までは「大企業に就職することが人生の成功だ」「頑張って出世してやる」、そんな意識が強く存在していました。

しかし現在では、企業を知名度で選ぶという意識自体はまだまだ強く残っているものの、「次の転職に有利な会社で経験を積みたい」「大企業で働くことだけが人生の成功法則とはかぎらない」「プライベートとのバランスも大事だよね」、そのように考える就活生が非常に増えてきています。

その結果、大企業の選考に臨む一方でベンチャー企業にも魅力を感じる。

あるいは、他業種にも関心の幅を広げて選考を受けてみる、などといったケースが多く見られるようになりました。

また、ITの発達が就職市場を大きく変えた点も見逃すことができません。

リクルートやマイナビなどといった大手のWEBメディアはもちろんのこと、SNSやnoteなどを活用して個人でも就活に関する情報発信をする人たちが増え、WEB上にはさまざまな成功法則があふれています。

どれが間違っているというわけではありませんが、その内容に素直に従ったからといって確実に内定がもらえるわけでもない。

大企業かベンチャーか？

自分に本当にあっている仕事は何か？

就活生は自問自答を繰り返すけれど、それらの記事に目を通したからといって必ずしも明確な答えが見つかるわけではありません。

そのようにして多くの就活生が情報の渦に飲み込まれていきます。

どこかにきっと「正解」が存在するはず。

それをどのようにして見つけたらいいのか？

そんな疑問を抱えたまま、決断できずに多くの時間だけが流れていく。情報過多ゆえのこうした迷いもまた、就活生を巡る現状の１つであるといえるでしょう。

企業情報などは、どの媒体を見ても魅力的なことが書いてあります。

働いた経験がなければ、そうした情報をすべて鵜呑みにして就職活動をするわけですが、情報の整理ができずに混乱が生じてしまうことも多々あります。

その結果として、実際に多くの就活生が業界や職種を絞らずに就職活動を行い、それが理由で、「最後の１社」を決め切れないケースも少なくありません。

中小企業はどう受け止められているのか

知名度や処遇も気になるけれど、やりがいも大事。

バリバリ働いて出世することにも魅力を感じるけれど、休日はプライベートを楽しみたい。

知名度や処遇とやりがいが本当に対立するものなのか？　出世とプライベートの幸せは本当にトレードオフの関係にあるのか？

経験的には必ずしもそうではない、と私は考えています。

とはいえ、多くの就活生がこうした二項対立で進路を考えるようになってきていることもまた事実といわざるを得ません。

さらに、これは昨今の若者に特徴的な傾向ですが、「自己実現」に対するこだわりがとても強くあります。

ここでいう自己実現には2つの要素が含まれていて、1つには収入や地位など物質的なメリットよりも、成長の実感などといった精神的なプラス要素を大切にしているという点。

ただこの場合の「成長の実感」とは、積極的なキャリア志向というより「育ててくれる会社」を求めているという、受け身的な意味合いが近いように感じられます。

そしてもう1つは、例えば、ＳＤＧｓの実現に貢献するなどといった、社会貢献の意識と非常に強く結びついている点です。世の中に貢献している自分に強い満足感を覚える。そのような若者が多くなってきている実感があります。

昨今の採用活動においては、こうした傾向についても知っておくほうがいいでしょう。

ところで、ここまで述べてきたことの中で、何かお気づきの点はないでしょうか？

何より重要な点は、就活生が望む「自分探し」という旅のプロセスに、中小企業という選択肢がほとんど見当たらないという事実です。

大企業の選考に臨む一方で、ベンチャー企業にも魅力を感じる　↓中小企業は蚊帳の外。

大企業かベンチャーか？　↓同じく中小企業は蚊帳の外。

言い換えれば、就活生の価値観の多様化に、中小企業が十分に対応しきれていないのです。

大手もベンチャーも、優秀な人材の確保こそが組織の命であることをよく理解しています。

だからこそ、特に大企業は採用活動にコストと人材の双方をしっかりと投入しているわけです。

他方、ベンチャーはベンチャーで、創業者や事業の魅力を、先ほども見た社会貢献の観点などからアピールすることに余念がありません。

にもかかわらず、多くの中小企業は……と続けざるを得ない。

それが昨今の中小企業の人材確保にとって、非常に大きな課題なのです。

それでも、あきらめる必要はまったくありません。

今の就活生が大切にしている価値観をしっかりと腹落ちさせた上で、中小企業だからこそできる採用戦略を構築していけば大丈夫です。

そのためにも、これからの内容をしっかりと押さえていただきたいと考えています。

課題2　内定出しも内定辞退も「早期化&増加」

3月1日、すでにゴール付近にいる就活生は5人に1人

図表1の折れ線グラフは、新卒の内定率についての調査結果です。

2023年卒のグラフを見ると、前年、前々年と比較して、内定率が高い水準で推移していることがおわかりいただけるかと思います。

もはや、企業は「新型コロナウイルスの流行を理由に採用を控える」という状況ではない。

それがとてもよく伝わってきますね。

注目していただきたいのは、3月1日時点で内定率が22・6%に達していることです。

ご存知の通り、3月1日は就職活動解禁日。

〔図表1　2023卒採用　就職内定率〕

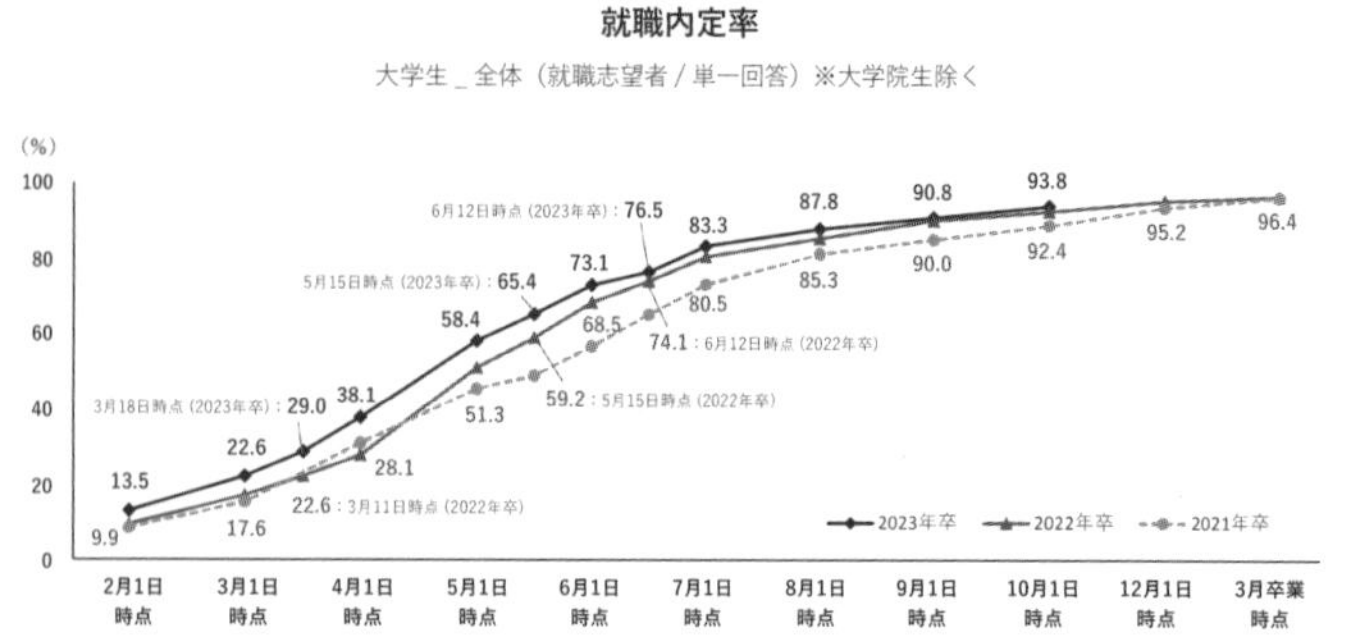

	2月1日時点	3月1日時点	4月1日時点	5月1日時点	6月1日時点	7月1日時点	8月1日時点	9月1日時点	10月1日時点	12月1日時点	3月卒業時点
2020年卒	5.8	8.7	21.5	51.4	70.3	85.1	91.2	93.7	93.8	95.4	95.4
2019年卒	4.5	9.8	20.5	42.7	68.1	81.8	88.0	91.6	94.0	95.4	95.9（%）

出典：2023年卒就職プロセス調査（2022年10月1日時点内定状況）
（(株) リクルートキャリア 就職みらい研究所　2022年10月7日）

〔図表2　2023卒採用　内定取得企業数（複数内定）〕

内定取得企業数

大学生_内定取得者（就職志望者／数値回答）※大学院生除く

	1社	2社	3社	4社	5社	6社以上	2社以上・計	平均（社）
2023年卒	34.6%	26.9%	18.5%	10.0%	4.4%	5.6%	65.4%	2.48
2022年卒	37.5%	28.8%	16.1%	8.3%	5.2%	3.9%	62.5%	2.34
2021年卒	40.4%	29.9%	15.9%	6.2%	3.7%	3.9%	59.6%	2.19

出典：2023年卒就職プロセス調査（2022年9月1日時点内定状況）
（(株) リクルートキャリア 就職みらい研究所　2022年9月9日）

本来ならば長い就活のスタートラインでしかないこの日に、5人に1人以上の就活生がすでに首にメダルをかけているのです。

2019年卒の9・8%、2020年卒の8・7%と比べると、これは恐るべき早期化だといっても決して過言ではないでしょう。

では、昨今の就活生たちは、就職活動が落ち着き始める9月の段階でいったい何社からの内定を手にしているのでしょうか?

図表2を見ると、65%以上の就活生が2社以上から内定を獲得していることがわかります。さらに見ていくと、6社以上の内定を手にした就活生が5・6%にも達しており、現状はかなりの売り手市場だということができるでしょう。

とはいえ、当たり前のことですが、入社できるのは1社です。

採用活動を通して自社をアピールしきれなかっ

〔図表３　2023 卒採用　内定辞退率〕

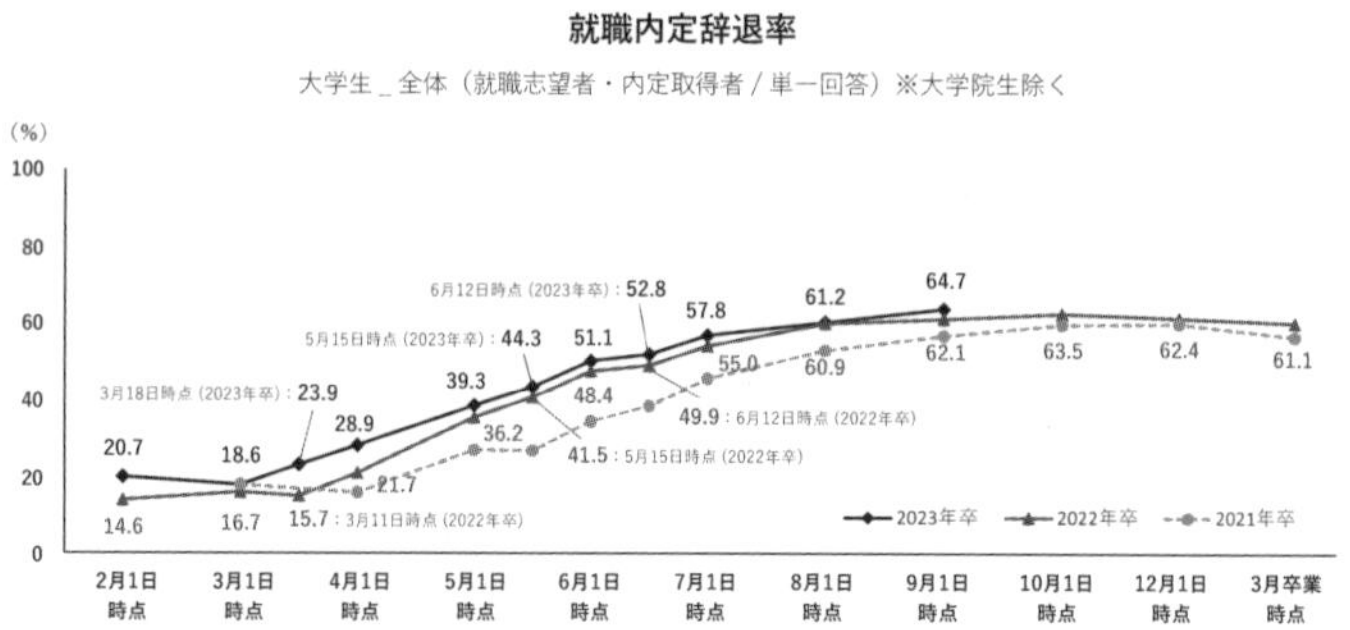

出典：2023 年卒就職プロセス調査（2022 年 9 月 1 日時点内定状況）
（(株) リクルートキャリア 就職みらい研究所　2022 年 9 月 9 日）

たり、あるいは就活生からの信頼を得ることができなかったりした企業は、内定を出したからといって決して安心できる状況ではないのです。

安心できないということは、就活生をつなぎとめる何らかの努力が、内定後も必要になることを意味しています。

図表３は、２０２１～２０２３年卒の内定辞退率の推移を示したグラフです。

こちらを見ると、就活生が内定辞退を申し出る時期が年々早まっていることがわかります。

そもそも採用活動が全般的に前倒しになっているため、たとえば、前年同様に内定が出そろった６月頃にやっと、内定辞退を防ぐためのイベントを企画したとしても、すでに手遅れということになりかねません。

そうなれば、かけてきたコストも採用計画もすべてムダになってしまいます。

会社にとってのダメージも計り知れません。

採用活動に割ける人手が少なく、常に対策が後手にまわりがちな中小企業は、このような状況をきちんと把握しておく必要があります。

採用活動早期化に拍車をかける少子化

企業が採用活動を前倒しにしたがる傾向は、今に始まったことではありません。

第二次世界大戦からの復興の中、新制大学が発足したのは１９４８～１９４９年にかけてです。その後、世に大学生があふれ就職難が叫ばれたため、１９５３年に「就職協定」が定められました。このとき、肝心の学業に支障が出ないようにと、採用活動のスタートは大学４年時の10月１日と決められたのです。

しかし、１９５０年代半ば、高度経済成長期に突入すると、できるだけ優秀な人材を確保したい各企業のあいだで大学生を早い時期から囲い込む「青田買い」が横行しはじめます。そこからは、「他社に先駆けていい人材を確保せねば」という、企業と協定との「いたちごっこ」が続きました。

バブル期に入ると、名のある大学の学生に現金を渡したり、豪華な食事や旅行に連れて行ったり、挙げ句の果てには車を買い与えたりして、早期から囲い込もうとする企業が一定数あったことは、記憶にある方もいらっしゃることでしょう。

その後、バブルが崩壊して就職氷河期に入ると、１９９７年には「就職協定」が「倫理憲章」に

〔図表４　18 歳人口予測（全体：全国：2021 ～ 2033 年）〕

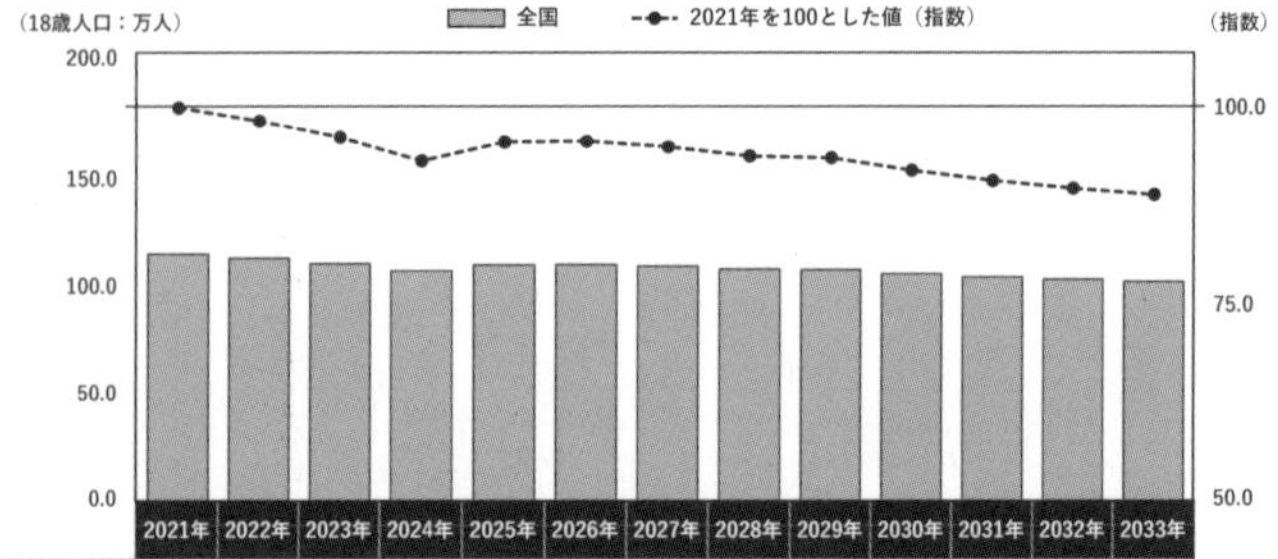

		2021年	2022年	2023年	2024年	2025年	2026年	2027年	2028年	2029年	2030年	2031年	2032年	2033年
全体	人数（万人）	114.1	112.1	109.7	106.3	109.1	109.2	108.4	107.1	106.9	105.0	103.5	102.4	101.4
	指数	100.0	98.3	96.2	93.2	95.6	95.7	95.0	93.8	93.6	92.0	90.7	89.7	88.9

出典：18 歳人口予測（全体：2021 ～ 2033 年）
（リクルート進学総研　2022 年 5 月）

改められました。

現在は大学3年時の3月1日が採用活動の開始日と決められていますが、結局のところ、「1日でも早く」という動きは、何ら変わっていないのです。

とりわけ、昨今、この焦りに拍車をかけているのが少子化の流れです。

図表4をご覧ください。

こちらのグラフから、2033年には18歳人口が101万人にまで落ち込むことがわかります。

2021年に比べると、11・1%もの減少になりますね。

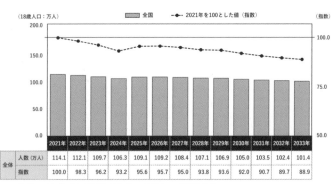

2021年度の就活生（民間企業対象）が約45万人だったことから考えると、2033年にはそこから約5万人が減少するということになります。

これは、企業の人手不足に直結するレベルの数字です。採用市場においては、むしろ景気以上に少子化による影響が避けられないということがわかります。

「他社に先駆けて応募者を集め、早い段階で囲ってしまわなければ」といった傾向は、今後さらに激化していくに違いありません。２０２２年の時点での大学1年生が就職活動をする際には、このスケジュールがさらに変更になることもメディアで発表されました。

課題3　中小企業が遅れをとるインターンシップ

8割以上の学生がインターンシップに参加

「少しでも早く就活生に接触しなければ……」という思惑のもと、各社、とりわけ大手企業は、こぞって大学3年時の夏休みを皮切りにインターンシップを開催するようになりました。

本来の意味でのインターンシップとは「就業体験」のことです。

実際、ベンチャー企業などでは、アルバイトとほぼイコールのような形で就活生を受け入れて、社員と同じように働いてもらうケースもあるようです。

かつて私が在籍していた会社でも、インターン生を長期的に受け入れて、商談に同席させたり、飛び込み営業を体験させたりしていました。

実際に働いてみることで、ミスマッチに気づくことができるなどといった、企業と学生の双方に

〔図表5　2023卒採用　インターンシップ　応募率と参加率〕

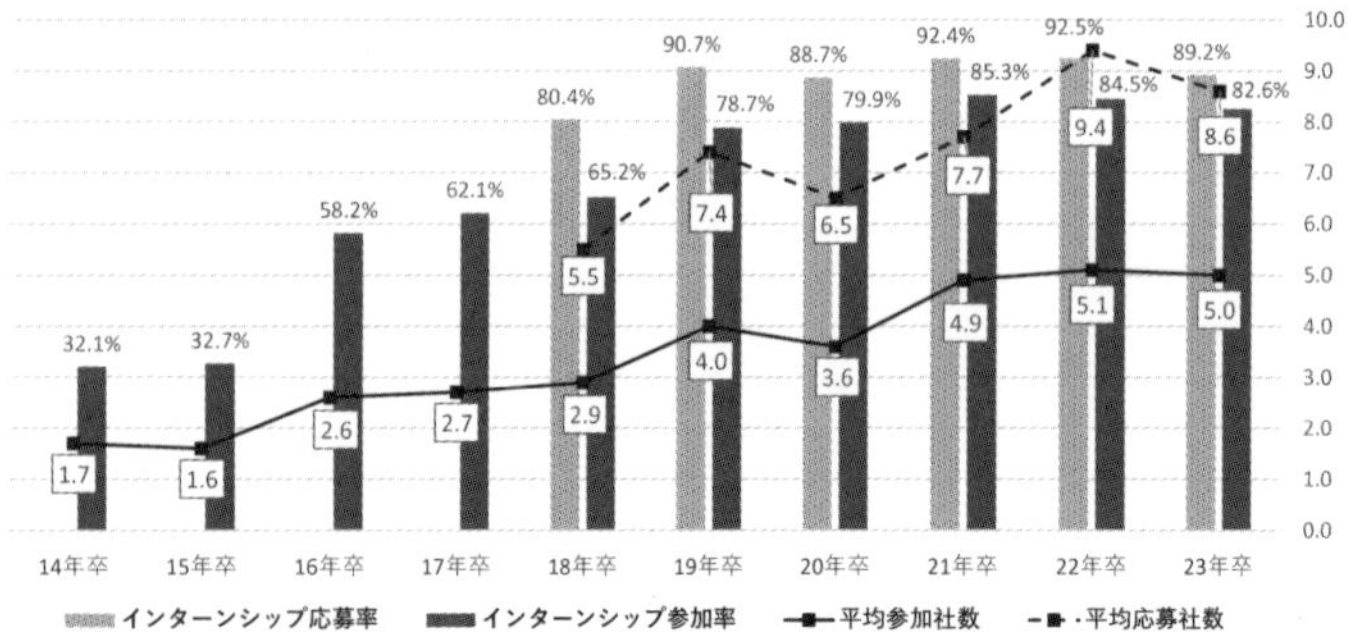

出典：2023年卒大学生広報活動開始前の活動調査
（(株) マイナビ　2022年2月25日）

とっての利点もありますし、企業にとっては、社会貢献の意味合いもあるでしょう。

インターンシップが積極的に実施されること自体に、異論はまったくありません。

ですが、現状のインターンシップは、長くても2〜3日という企業が大半です。

これは、内容よりもむしろ早い時期に就活生と接触して個人情報を入手し、囲い込むこと自体が重視されていることの表れと見ることができます。

実際、インターンシップの場で内定の確約を出してしまう企業は増えています。

先程もお伝えしたように、就職活動開始日の3月1日時点で、すでに内定を手にしている学生が22・6%も存在しているのは、まさにインターンシップで内定を得ているからです。

図表5は、新卒生のインターンシップの参加率

〔図表６　2023 卒採用の課題（企業調査）〕

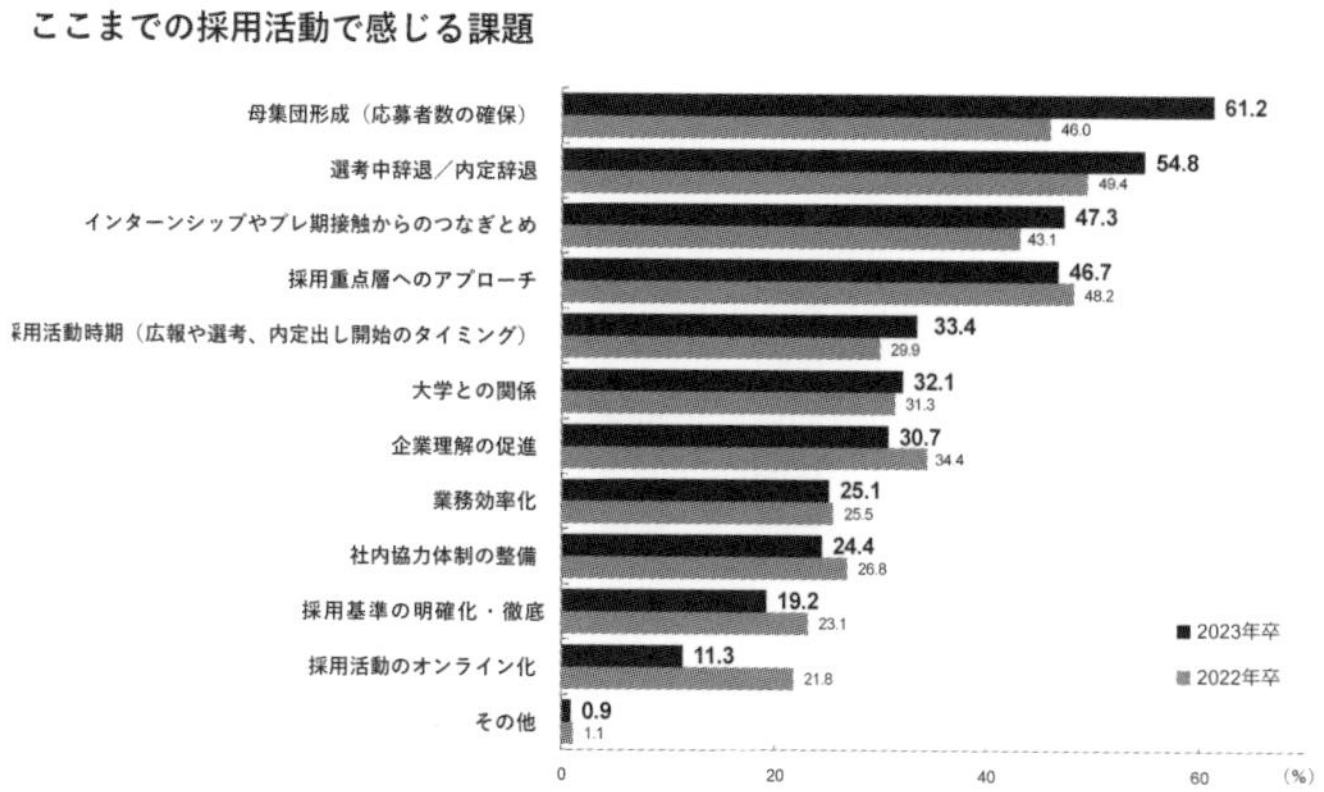

出典：2023 年卒採用活動の感触等に関する緊急企業調査
（(株) ディスコ　2022 年５月）

と応募率です。

２０２３年卒は、大学生のうちの89・２%が応募、そのうち82・６%が実際に参加しています。

そして、応募社数は平均で８・６社、実際の参加社数は平均５・０社です。９年前と比べると、その差は歴然としていますね。

母集団形成は永遠のテーマ

図表６には、２０２３年卒の新卒採用を行っている企業側の課題がまとめられていますが、一番の課題として挙げられているのが「母集団形成」です。

そして、３番目には「インターンシップやプレ期接触からのつなぎとめ」が挙げられています。

まさに現在の採用活動のトレンドが、この「インターンシップを用いた母集団形成」であることが浮き彫りになっているといえるでしょう。

〔図表7　2014卒採用の見通し（企業調査）〕

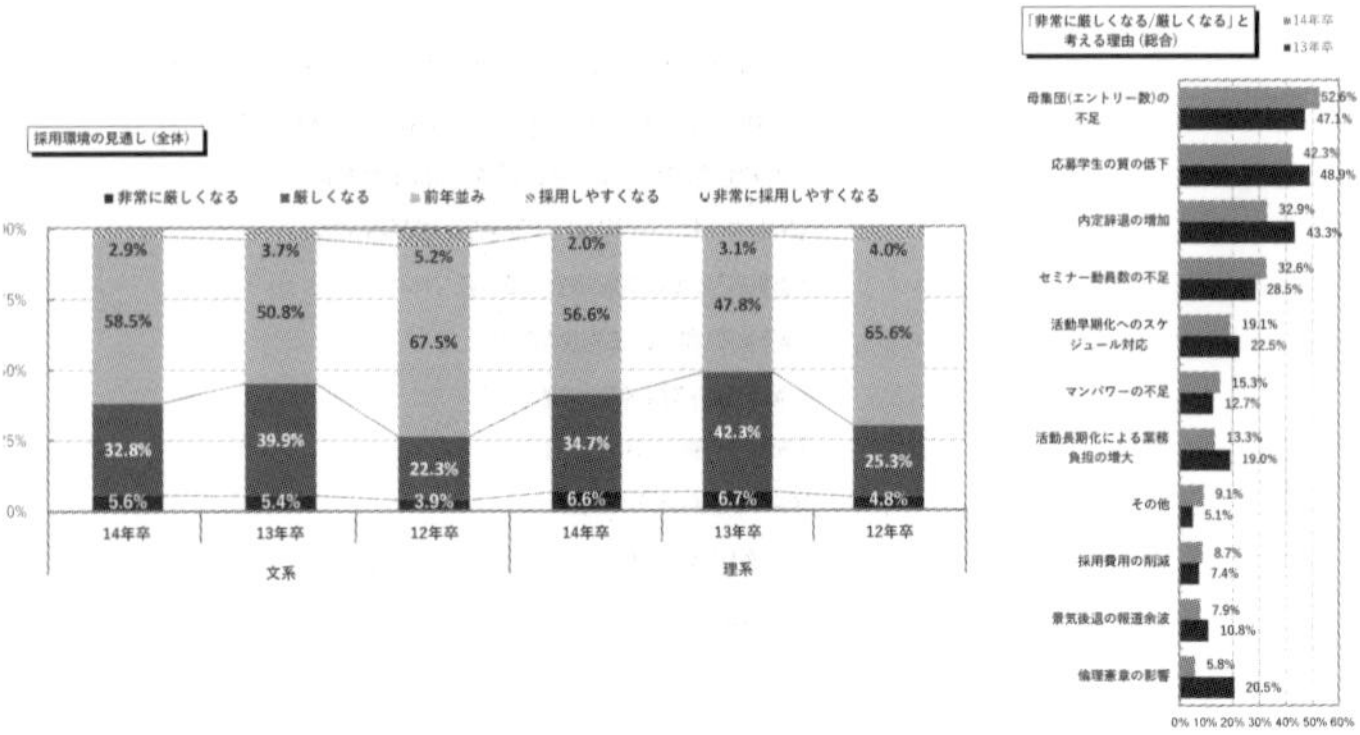

出典：2014年卒 マイナビ企業新卒採用予定調査（（株）マイナビ　2013年4月）

これはコロナ禍によって生じた課題なのでしょうか？　10年前のデータとの比較で見ていくことにしましょう。

図表7から、２０１４年の段階で多くの企業が母集団形成に悩んでいることがわかります。

もちろん、景気や少子化などさまざまな要因はありますが、結局のところ、母集団形成の苦労は市場の変化では解決しない、ということです。

母集団形成が難しい原因を社会に求めるのではなく、自社の採用戦略を省みて、それぞれが解決に向けて努力していくしかありません。

このような状況のなかで、採用活動に割くマンパワーが圧倒的に足りない中小企業が効率良く、確実に人を採るにはどうしたらよいのか。

この疑問に対する答えを、本書でじっくりお伝えしたいと思います。

課題４　テクノロジーの進展と採用方法の変化

オンライン化で、採用は新たなフェーズに

Windows95の発売によって、パソコンの普及率が急上昇したのが１９９５年のことです。

そして、リクナビやマイナビなどの就職サイトを利用した採用活動が世間に定着し始めたのは、１９９０年代後半から２０００年にかけてのことです。

その後、就活生が活用するツールはパソコンからスマホに移り変わり、採用スタイルにも様々な流行り廃りがありましたが、コロナ禍を経た現在では「企業セミナーから面接までをオンライン上で行うことが一般的になる」という新たなフェーズに突入しました。

次頁の図表8から、新型コロナウイルスとの共存が社会の前提となるにつれて、少しずつ対面での採用活動が戻ってきていることがわかります。

しかしそれと同時に、採用プロセスのどの段階においてもオンラインと対面を併用する企業が増えていることも見て取れます。

このオンライン化は、採用においては大きなパラダイムシフトに当たります。

企業規模にかかわらず、これからの時代、オンラインでの採用活動は、もはや不可逆的なものだと思っておくほうがよいといえます。

〔図表8　2023 卒採用における WEB 活用状況〕

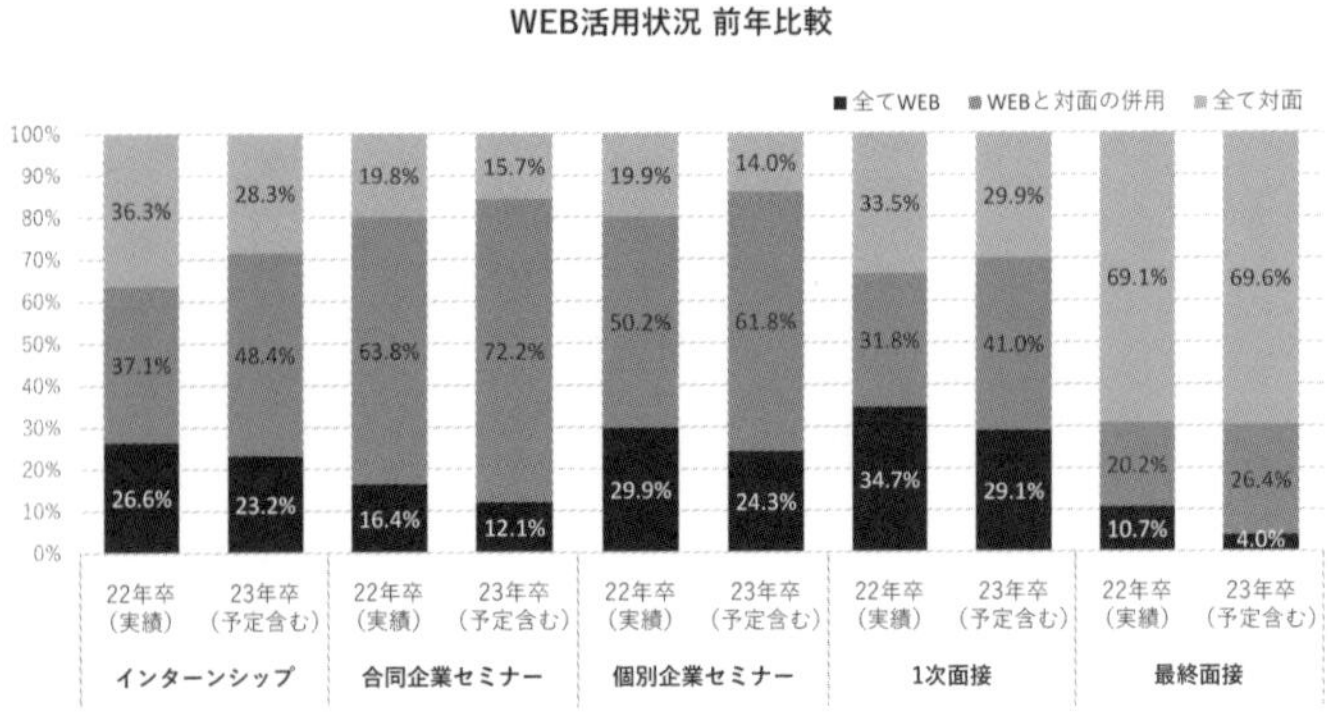

出典：2023 年卒マイナビ企業新卒採用予定調査（(株) マイナビ　2022 年 2 月 25 日）

〔図表9　オンライン就活への意識〕

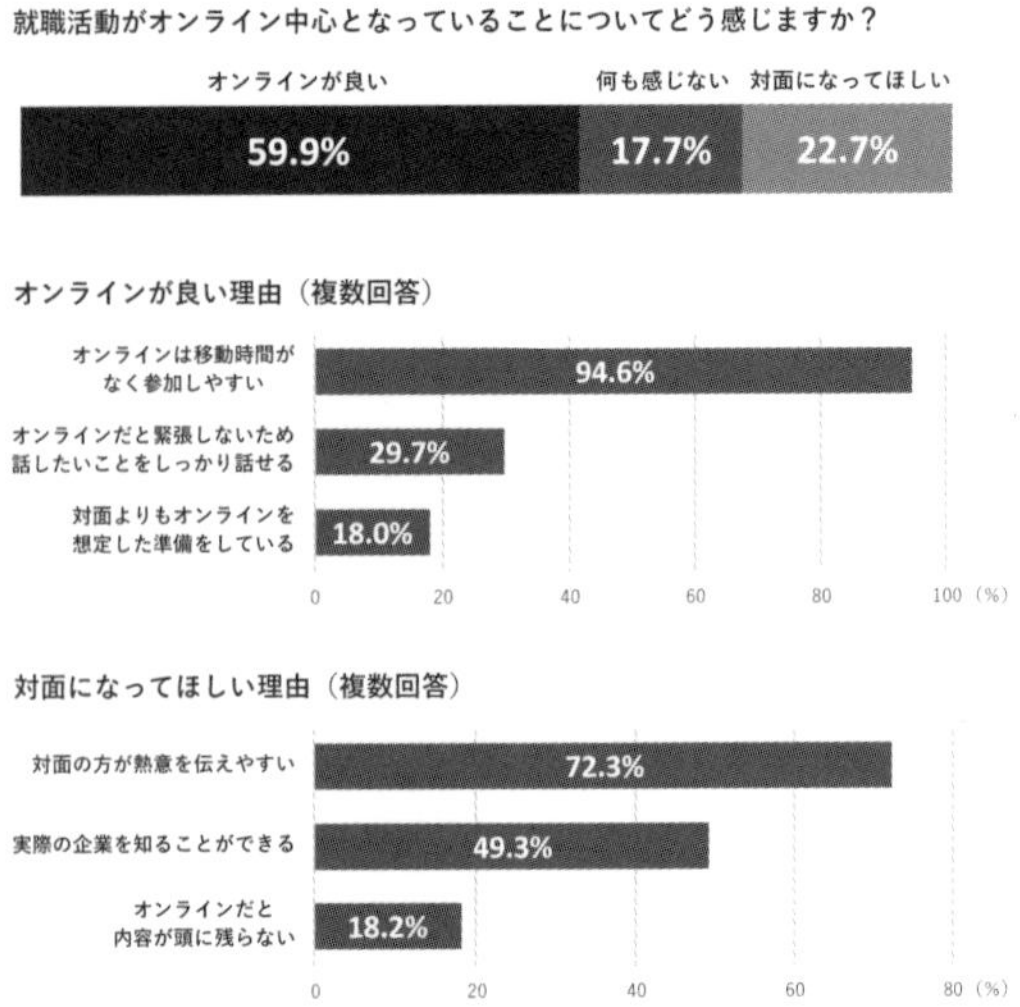

出典：22・23・24・25 卒対象 コロナ禍の大学生 オンライン就活への意識調査
（(株) インタツアー　2022 年 6 月）

では、就活生はオンライン就活に対して、どのような意識をもっているのでしょうか？

図表９を見ると、約60％の学生が「オンラインがいい」と答えています。その理由のうち、実に約95％が「移動時間がなくて参加しやすい」ということを挙げています。特に、首都圏での就職を考えている地方在住の就活生にとって、これほどありがたいことはないでしょう。

とりわけ40代以上の採用担当者の中には「人と人は実際に会わないとわかり合えない」という持論へのこだわりが強く、オンラインでの採用活動に否定的な方が時々見受けられます。しかし、就活生がこのような意識をもっていることは把握しておくべきです。

そのうえで、時代に即した対応に頭を切り替えていただきたいと思います。

オンラインのデメリット放置が内定辞退につながる可能性も

企業側にも就活生側にも、オンラインのメリット、デメリットはそれぞれあるかと思いますが、完全オフラインに戻ることはないと思われる状況のなか、対面にこだわりすぎることで、かえって優秀な人材を逃してしまう可能性は高い、と思っておくほうがよいといえます。

何より大切なのは、「オンラインかオフラインか」よりも「オンラインのメリットとデメリットをしっかりと見極めておくこと」です。

オンラインのデメリットについては次章で詳しくご説明しますが、私はオンライン化が進むとともに、就活生の企業選びに対する情熱が「薄く」なりつつあるのではないかと感じています。

現在、採用を担当されている方々の中には、就活生の時代、応募エントリーをするために分厚い「会社四季報」をめくって、めぼしい企業に手書きでハガキを書いていた方も多いでしょう。大変な労力を要する作業ですし、何百通も出すわけにはいかないので、資料を読み込んで内容を吟味しながら、どこにエントリーしようかと誰もが悩んだはずです。

90年代後半にはパソコンが普及したとはいえ、1人に1台いきわたらなかった時代には、エントリーメールを送るためだけに大学のパソコンルームに長時間行列をつくったものです。

それが今は誰もが自分のスマホを持ち、ソファに寝転んだままボタン1つで「一括エントリー」できてしまう時代になりました。

企業選びに対する気合いが失われていくのは、自然な流れなのかもしれません。

このようなデメリットを放置しておくと、会社に対する興味・関心や入社への意欲が低いまま、場合によっては業務内容すらよくわからないまま最終面接まで進んでしまい、入社を前に戸惑いを覚える就活生も出てきます。

コロナ禍以降、内定を辞退する学生が増えている背景には、このようなデメリットを放置してきたことも原因の1つとして考えられるのではないでしょうか。

そもそも中小企業は、ホームページ制作に多大な予算を割いたり、常にギリギリの人数で現場を回している中核社員をリクルーターとして呼び出したりすることが難しいので、就活生に提供する情報が薄くなりがちです。

だからこそオンラインのメリットとデメリットを理解し、デメリットをしっかりと回避していくことが、大手以上に求められているのです。

課題5　採用に対する意識や理解の不足

採用は緊急性の高い重要な経営課題

【事例】　あるゼネコン下請け企業のケース

あるスーパーゼネコンの下請け企業は、規模こそ小さいものの、優れた建設技術を有しており、今後10年の仕事は決まっているという優良企業です。

あるとき、社長に相談されたのは「気がついたら、社員の平均年齢が50歳になっていました。10年後には平均60歳です。社員を総入れ替えするわけにはいかないし、だからといって、今から慌てて毎年数十人もの若手を採用すれば余剰人材が生まれるだけです。当社はいったいどうしたらよいのでしょう？」ということでした。

私は本書でお伝えしていくことの概要を社長にアドバイスしました。

この会社は「足りなくなったときに採ればいいよ」と、定期的な採用をしてこなかったのです。「採用は重要な経営課題である」という認識が欠落していたことを反省した社長は、それからすぐ採用に力を入れることにしたそうです。

こうした事例からもおわかりいただけるものと思いますが、採用は日々の目の前の仕事に比べて「緊急性」という点で後回しにされがちです。

確かに、「明日までに終わらせなければ大変な問題になる」という案件ではありません。目先の売上を確保するための営業活動や期日までに提出しなければならない報告書作成など、期限が決まっていることから着手するのは、マンパワーの少ない中小企業にはよくあることです。

その点、採用は急いだところで、期待の新人が入ってくるのは来年の4月。中途採用だとしても、よほどの人手不足でない限り、今週来週というスパンで入ってくるわけではありません。

あくまでも「未来への投資」なので、緊急性の高い重要な経営課題だと認識していない経営者も少なくありません。

もちろん、誰に尋ねても、「仕事は人がいてこそ成り立つものだ。何より大事なのは人材だ」と繰り返されます。

ですが、採用のどのステップにどの程度のコストをかけるべきなのか。あるいは、採用担当者の研修はどうするのか、どのような人材を求めて、求人広告の文言はどうするのかなど、具体的なところにまで目配りできる経営者はごくわずかです。

採用は、経営の土台であり、緊急性の高い重要な経営課題です。ここを疎かにすれば、どんなに素晴らしいビジネスも成り立たなくなってしまいます。

少なくとも、その1点だけは全社員のあいだで一致をみておくことが必須です。

採用担当は「誰でもいい」わけではない

採用担当者について、中小企業では「人が足りないから、現場の人間が片手間で担当している」、「営業で成績を上げられなかった社員にひとまず任せている」という声を聞くことがよくあります。

少ない人数で業務をまわしている中小企業では、ある意味、仕方のないことかもしれません。

しかし、採用担当者は、最前線に立って会社の魅力を体現する役割を担っています。面接では、相手をリラックスさせて本音を引き出した上で、自社への適性を見抜く目も求められます。

多くの就活生と面接の日程を調整し、面接が終われば一人ひとりにフォローの連絡を入れる細やかさも求められます。また通過率をコントロールするために、上司に対して様々な交渉をする必要に迫られることもあるでしょう。

そう、採用の仕事は、オールマイティな能力が求められる専門性の高いものなのです。

「緊急性の高い重要な経営課題」という認識が社内で一致していたら、「営業でうまくいかない社員をとりあえずあてがっておけばいい」などという考えには至らないはずです。

くり返しお伝えしているように、中小企業はどこも潤沢なマンパワーに恵まれてはいません。

とはいえ、採用の重要性に鑑みたとき、「採用担当者はエキスパートであるべき」という認識を、すべての経営者が持つ必要があります。

その上で、採用活動のどのフェーズをどの専門業者に依頼するのか等について、熟考することが必要となります。

重視すべきはコストよりもタイミング

採用の相談に乗っていると、こんな発言に出会うことも少なくありません。

「今年はコストをかけるのが厳しいから、採用はやめよう。来年採れればそれでいいよ」

そして私は、非常に複雑な気持ちになります。

その理由は、採用活動はその時々の社会情勢に大きく左右されるという事実にあります。本来は経営者がこの点を熟考すべきなのです。

確かに、景気が傾く際、一時的に買い手市場になることがあるので、それを知っている企業は「そうしたタイミングで採ればいい」と思うのかもしれません。ですが、準備をしているうちに、一瞬にしてまた売り手市場に戻って採用が難しくなる、というのも実際にはよくあることです。

こうした時代の波を読み取れるのが、有効求人倍率です。

2023年卒の有効求人倍率は1・58倍でした。これは、学生1人に対して、1・58社からのオファーがあることを意味しています。言い換えれば、45万人の求職者に対して70万人以上の求人があるということです。

いかがでしょう。あなたの会社を選んでもらうことはできるでしょうか？

確かに「今年はどうしても資金繰りが厳しい」という年もあるでしょう。しかし、採用を重要な経営課題だと受け止めるのならば、目先のコストだけに気を奪われすぎず、有効求人倍率の上下に気を配ることも必要です。

面接官トレーニング研修におけるワークショップの様子

＜第１章まとめ＞

【課題１】

昨今の就活生は成長の実感や社会貢献の可否も視野に入れ将来を見据えている。中小企業はそうした時流に対応できているのか？

【課題２】

超売り手市場の今、内定出しの早期化によって内定辞退も早期化。少子化によってこの傾向はさらに加速するに違いない。

【課題３】

内定出しが早期化している一因はインターンシップの激化にある。早い企業はインターンシップで実質的な内々定を出す場合も。

【課題４】

コロナ禍を経て、採用活動のオンライン化が定着した。オンラインのメリット、デメリットを見極めておくことが非常に重要。

【課題５】

採用は緊急性の高い重要な経営課題。採用担当を誰に任せるのか、どのフェーズを業者に依頼するのかを熟考すべき。

第2章

「人を採りたい！」

～中小企業が押さえておくべき5つの基礎～

基礎1　知っておくべき新卒採用の6ステップ

なぜ、採用は6つの「輪切り」にしなければならないのか?

「うまく人を採れない」と嘆いている企業の方によくよく話を聞いてみると、採用活動を大きな「ひとまとまりの業務」だと捉えていることが少なくありません。

実は、この点に採用がうまくいかない大きな原因の1つがあります。

採用活動は1つの「全体」としてあるのではなく、個々に異なる業務の「集合体」であるという理解がなければ、「うまく人を採る」ことがどんどん難しくなっていきます。

その点について、まずは詳しく見ていくことにしましょう。

採用活動は、図表10のように6つのステップに分けて見ることが重要です。

なぜなら、全体を輪切りにして見ることで初めて、あるステップから次のステップへの通過率をどの程度に調整するのか（通過率については次項で詳しく説明します）、どのステップにどの程度のコストをかけるのかという計画を立てたり、自社が例年どのステップでつまずきがちなのかという分析をしたりすることができるからです。

こうした観点なくして、中小企業が採用活動で成果を上げることはできません。

そのために、6つのステップを順番に、ていねいに見ていくことにします。

〔図表10　採用活動における６つのステップ〕

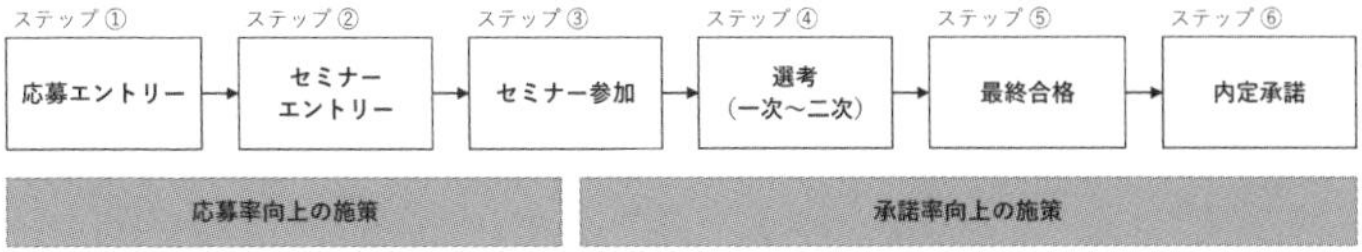

ステップ①　応募エントリー

就職サイトなどで膨大な数の企業の中から数社を選び、「私はこの企業に興味があります」という最初のクリックをする段階が「応募エントリー」です。

今の日本でいったいどれだけの企業が新卒を対象とした採用活動を行っているのか、あなたはご存知でしょうか？　マイナビに掲載されている企業の数が２万６３６８社（２０２２年３月１日時点）であることから考えると、実際には３万社以上ではないかと思われます。

その中から就職サイトで勤務地や希望職種などの条件を指定して検索すれば、人によりますが、おそらく数百社がリストアップされることでしょう。

例えば、ＥＣサイトで数百枚のＴシャツがずらりと並んでいる画像を前にして、自分にぴったり合うものを選ばなければならないといった場面を想像してみてください。「簡単には選べないから、一番目立っているこの黄色いＴシャツでいいかな」といった感覚で、とりあえず目についたものをブックマークするのではないでしょうか。

就活生にとっての応募エントリーとは、あくまでこうした「ブックマーク」にすぎません。

担当者がどれだけ「うちの会社は素晴らしい事業を手がけていて、社会貢献もしているし業績も右肩上がりだ」と自負していても、他社と比べてよほど目立っていなければ埋もれてしまい、厳しい言い方をすれば、気づかれることすらないと思ったほうがいいでしょう。

まずは目にとめてもらうこと。そして、とりあえず応募エントリーをしてもらうこと。

それが採用活動の第一歩になります。

企業側にとって、この応募エントリーで集まった人数（＝母集団）が採用率の分母となるので、どれだけのエントリーを集められるのかが非常に重要になってきます。

ちなみに、第1章でもお伝えしたように、昨今は就職活動スタート前の大学3年生を対象としたインターンシップを開催する企業が激増しています。

そうした企業はインターンシップで就活生の連絡先を入手し、早い時期から意欲的かつ戦略的にアプローチをしかけていくので、無策のままただ応募エントリーを待っている企業とは母集団形成の時点で差が開いてしまっているのが現実です。

また、こうした6つのステップを踏まず、スカウトに特化したWEBサービスを用いて就活生を直接スカウトする「ダイレクトリクルーティング」という方法を使う企業も増えています。

こうした傾向についても同じく理解しておくことが望ましいといえます。

ステップ②　セミナー（企業説明会）エントリー

「セミナーエントリー」とは、企業説明会に申し込むことを意味しています。

先程の「応募エントリー」とイコールではありませんので注意が必要です。

「とりあえず、御社に興味があります」とは口にしたものの、落ち着いて吟味してみたところ、説明会に参加するほどの関心は持てなかったという場合も考えられますし、他社の説明会と日程が重なってしまい他社を選んだということもあるでしょう。

人によっては、就職サイトで希望の職種や勤務地などを入力した結果としてピックアップされた数百社に、一括で応募エントリーを行っているケースも珍しくありません。その後で、セミナーにエントリーするかどうかを1社ごとに見ていくわけです。

言い換えれば、セミナーエントリー＝企業への関心とは限らないということです。

いずれにせよ、求人広告に光るものがなかったり、セミナーそのものに足を運びたいと思わせる企画性がなかったりすれば、たくさんのセミナーに埋もれてしまい、就活生にエントリーのボタンを押してもらうことはできません。

ステップ③　セミナー参加

オンラインであれ対面であれ、セミナー（企業説明会）は必ず催します。

ここでは、就活生に「この企業の選考を受けたい」と思ってもらえるように、パワーポイントや動画など多彩なツールを活用して入念な準備を行い、企業理念やトップの想い、業務内容の詳細や福利厚生など、自社の魅力を余すところなく伝えることが必要です。

こうした個別の企業セミナーの開催前に、大規模な合同企業説明会にブースを出すという手も考えられますが、必ず出展しなければならないものではありません。コストやマンパワーなどとも相談しながら決めていただければ結構です。

ただ、就活生との接点をつくることができる貴重な機会であることは間違いありませんので、仮に出展するのであれば、必ず個別の企業セミナーにも来てもらえるようその場でセミナーエントリーの用紙を書いてもらうなど工夫が必要です。

ステップ④　選考（一次〜二次）

いわゆる面接です。

忘れてはならないのは、面接というのは、就活生が企業を選ぶ場でもあるということ。面接官の言葉や態度が不快感を与えたり、説明が不十分で内容が薄く感じられたりすると、就活生は面接に通過しても次の選考を辞退してしまいます。

また、求める人材像（ペルソナ）が社内でしっかりと定められていなければ、面接官1人ひとりが単なる好みで採否を決めてしまい、最終的に納得のいく結果を出せなくなってしまいます。

面接のノウハウについては、第4章で詳しくお伝えしますのでご安心ください。

なお、スポットでの中途採用の場合はセミナーを開催しませんので、面接の場が説明会の役割を兼ねることになります。

ステップ⑤ 最終合格（二次選考や三次選考、それ以上というケースもある）

中小企業の場合、最終面接には経営者が立ち会うケースがほとんどといえます。

このとき、「この人のもとで働きたい」と感じてもらうことは、内定を出した後に辞退するなどのリスクを回避するという観点からも非常に重要です。

第4章で詳しくお伝えする、面接官が気をつけるべき事柄は経営者もしっかりと共有し、最後にがっかりされることがないよう留意する必要があります。

さらに、ペルソナについても、経営者とすべての採用担当者とのあいだでズレが生じないように、あらかじめ十分に話し合って共通認識をもっておくことが大切になってきます。

ステップ⑥ 内定承諾

採用活動は、内定を出したら終わりではありません。

企業から内定が出ると、就活生はいわゆる「内々定者」となります。その後、卒業を前提として「私は御社の内定を承諾します」との意思表明となる「内定承諾書」を提出することで、はじめて「内定者」となります。

内定承諾書に法的拘束力はありません。提出を求めない企業もあれば、こっそりと複数の企業に出しておく学生もいます。内定承諾書を出しておきながら、最終的に辞退するケースもあります。それでも、やはりハンコをついて書類を出すという行為には重みがありますから、内定承諾書の提出が企業側にとっての1つのゴールという位置づけになります。

私たちが採用計画を立てる際に指標とする内定辞退率は50％前後ですが、非常に残念なことに、企業によっては70％を超えてしまう場合も珍しくありません。

入社までは、さらにいうと、入社式を迎えても決してそこで終わりではないと思って、就活生と信頼関係を築き続け、小さな不安にも1つひとつていねいに向き合い、「自社で働くことが、いかに魅力的なのか」を、先輩として伝え続けることが求められます。

基礎2　「ＡＩＳＡＳの法則」で採用を成功に導く

就職活動と購買活動は、同じ原理で動いている

人がインターネット上でモノやサービスを購入する際には、まずその存在を知って関心を持ち、最終的に購入を決心して、さらに気に入れば周囲にもすすめる、というプロセスを踏みます。

これはどんなモノやサービスにも当てはまる一般的なフローとされています。

このフローはマーケティングの世界を中心に「ＡＩＳＡＳの法則」と呼ばれているものですが、

〔図表11 採用成功のプロセス「AISASの法則」〕

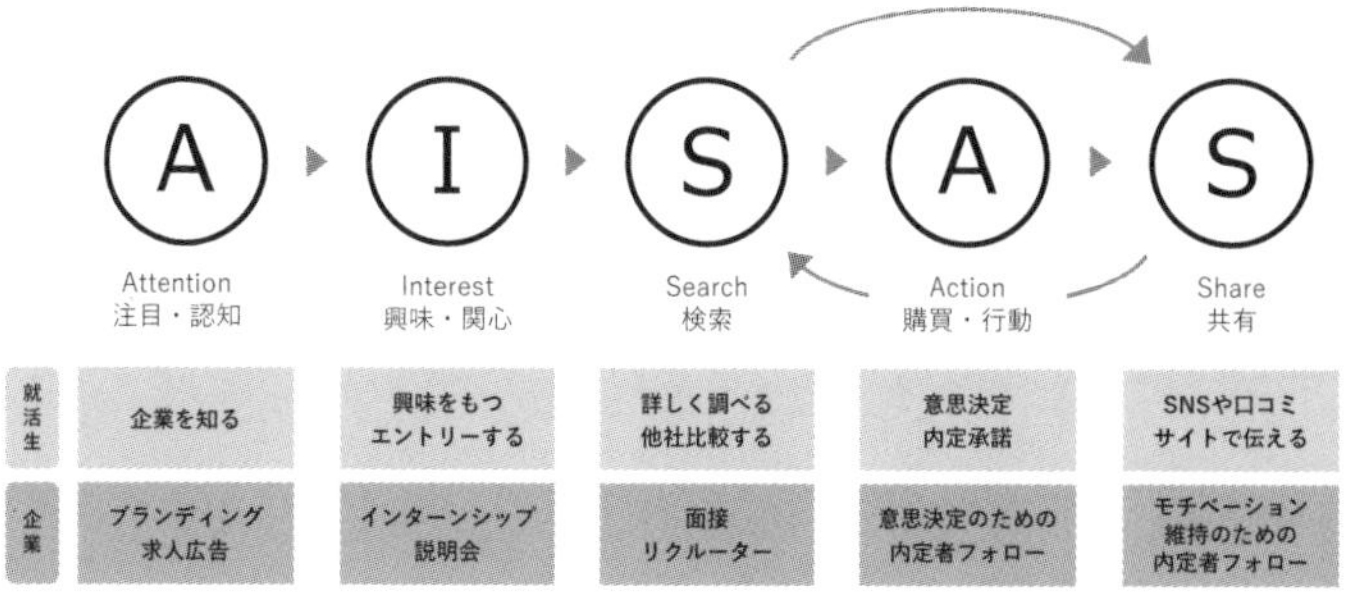

これはまさに採用の6つのステップにピタリと重なります。

採用活動を購入という観点で考えることに違和感を覚える方もいらっしゃるかもしれませんが、「人が何かを選ぶ」という点では共通すると考えて差し支えありません。

それでは、図表11に沿って具体的に見ていきましょう。

A：Attention（注目・認知）

最終的に購入を決断するモノやサービスと出会ってもらうためには、何よりもまず、多くの人の目につくところへ置いておかなければなりません。

就職活動に当てはめていうならば、就活生が企業を見つける段階がこれにあたります。

就職サイトで検索するのか、SNSで盛り上がっているという噂を友人から聞くのか、あるいは学校のキャリアセンターで求人広告を見つけるのか。

きっかけはケースバイケースですが、何らかの方法で目につかなければはじまりません。

だからこそ企業側としては、ブランディングによって自社の魅力を最大限に表現した求人広告、ホームページ、SNSなど、さまざまな方法で広く露出していかなければならないわけです。

I：Interest（興味・関心）

人がそのモノやサービスに対して、「いいな、ほしいな」とポジティブな感情を持つ段階です。就活生がその企業に好感をもって、面接を受けてみようと思う段階に相当します。

企業側は、インターンシップやセミナーを開催するなどの方法で就活生の疑問を1つずつ払拭し、就活生の心を惹きつけ、「この会社の雰囲気は自分に合っているかも」「この会社の仕事内容は楽しそう」と思ってもらうことが大切です。

S：Search（検索）

例えば、ネットショッピングなどであれば、いくつもの商品を検索しながら比較検討する段階がこれに当たります。就職活動に重ねていうならば、就活生がいくつもの企業を比較しながら詳しく調べていく段階であり、当然ながら面接もここに含まれます。

だからこそ、企業側は「選んでやる」という上から目線ではなく、自社の魅力をしっかりと伝え、「就活生から選んでもらう」ことを意識しなければなりません。

A：Action（購買・行動）

実際に人がモノを購入する段階で、就活生が最終的に内定承諾書を提出する企業を１社に絞る段階に該当します。

企業にとってはまさに正念場です。

内定を出したからといって安心や油断をすることなく、せっかくの内定を辞退されないように、内定者を継続的にしっかりとフォローしていくことが求められます。

S：Share（共有）

ネットショッピングなどであれば、買った商品のレビューを書いたり、ＳＮＳにアップしたりする段階を指します。就職活動であれば、「この会社、おすすめだよ。受けてみたら？」とまだ就活中の友人に伝えることや、就活口コミサイトなどに投稿することがシェアに当たります。

シェアされた就活生が、最初の「Ａ」と「Ｉ」の段階をスキップして、「Ｓ：Search」の段階に飛び込んできてくれるのは、企業側にとって非常にうれしいことです。

こうしたサイクルが生まれるのは、企業側が内定を出した就活生を放置せず細やかなフォローを続けてこそといえます。そこまでの取り組みを行って初めて、就活生は「この会社の魅力を周りの友人にもシェアしたい」という気持ちになるのです。

中小企業として目指すべき採用活動のゴールは、私自身はここだと考えています。

基礎3　カギを握っているのは「通過率」

基本的な「通過率」の考え方

採用活動の6つのステップのうち「応募エントリー」から「内定承諾」へと至る段階で、それぞれのステップにおいて全体の何%を通過させるのか、そのパーセンテージを「通過率」と呼びます。

例えば、「来年は10人採用しよう」という採用方針が決定したとします。

そこで質問です。では、何人に内定を出しますか?

これを決めるには、昨年の内定辞退率を確認する必要があります。

仮に内定辞退率が50%だったなら、20人に内定を出さなければなりません（図表12）。

そして次の質問です。その場合、最終面接には何人呼ぶ必要がありますか?

これもまた、昨年の最終面接での合格率を見る必要があります。

仮に昨年は5人に1人が通過していたのだとしたら、最終面接に呼ぶのは100人になります。

通過率を昨年と同じく20%に設定する方法です。

これは最終的な採用人数から逆算していくという一般的な考え方ではありますが、ともすると机上の空論になりがちなリスクがあります。なぜなら、その年度によって有効求人倍率も、就活生のトレンドも大きく変わることがあるからです。

〔図表12　採用通過率の考え方（例）〕

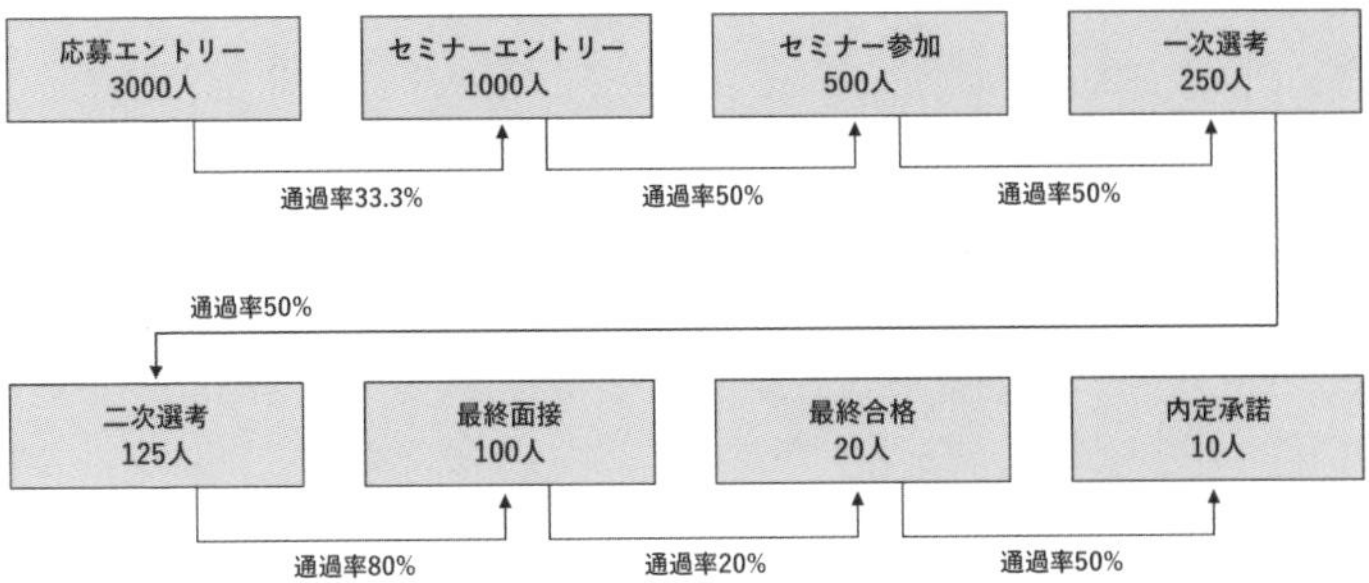

最適な配分を見出すには、さらに工夫を重ねる必要があるわけです。

【事例】あるサービス業の会社のケース

ある中堅のサービス業の会社は、昨年と一昨年の母集団が３０００近くにまで達していました。なぜなら、航空系各社やホテル業各社がコロナ禍によって新卒の採用を見送っていたからです。

しかし、その翌年、航空大手２社のＡＮＡやＪＡＬ、大手ホテル会社が新卒採用を再開した途端、この会社のエントリーは１０００人単位で減ってしまいました。世の中の状況を見ず、昨年と同じ計画を立てていたら大惨事になるところだった、と採用関係者は冷や汗をかいたそうです。

昨年の結果を分析し、最終的な採用人数から逆算していく考え方だけでなく、「実際に就活生の応募エントリーがどれだけあったのか」という母集団の数を十分に確認したうえで、各ステップでの通過率を試算することも必要です。

例えば、応募エントリーが１５００人集まったとしましょう。

例年、セミナーにエントリーする人数がそのうちの１／３だとしたら、セミナーエントリー数は５００人です。

そして、実際に来場する就活生の人数がその１／２だとしたら、セミナー参加者は２５０人という計算になります。さらにそのなかで一次選考に進む人が１／２だとしたら、最初の面接は１２５名でスタートするはずです。この１２５人をどのようにふるいにかければ、最終的に20人の内定者を出せるのでしょうか？

このような流れを意識して考えながら、１回１回の面接通過者の数をコントロールしていくのが通過率のコントロールに他なりません。

内定辞退率はその時々によって変わるので完全に予測するのは難しいのですが、例年の結果は参考になります。一般的には50％前後ですが、70％にも及ぶような会社の場合は、一次面接からかなりハードルを下げて通過させる必要があるといえます。

何より経営者や採用担当者が危機感を抱く必要があるのは、辞退率が高いことよりも、通過率をコントロールすることなく選考を進めてしまうことのほうです。

辞退率が高ければ高いなりに、最初から対策を立てて臨めばいいのです。

その意味で、通過率について考えること自体が有効な対策となり得るわけです。

〔図表13 マーケティングファネルと採用活動の関係〕

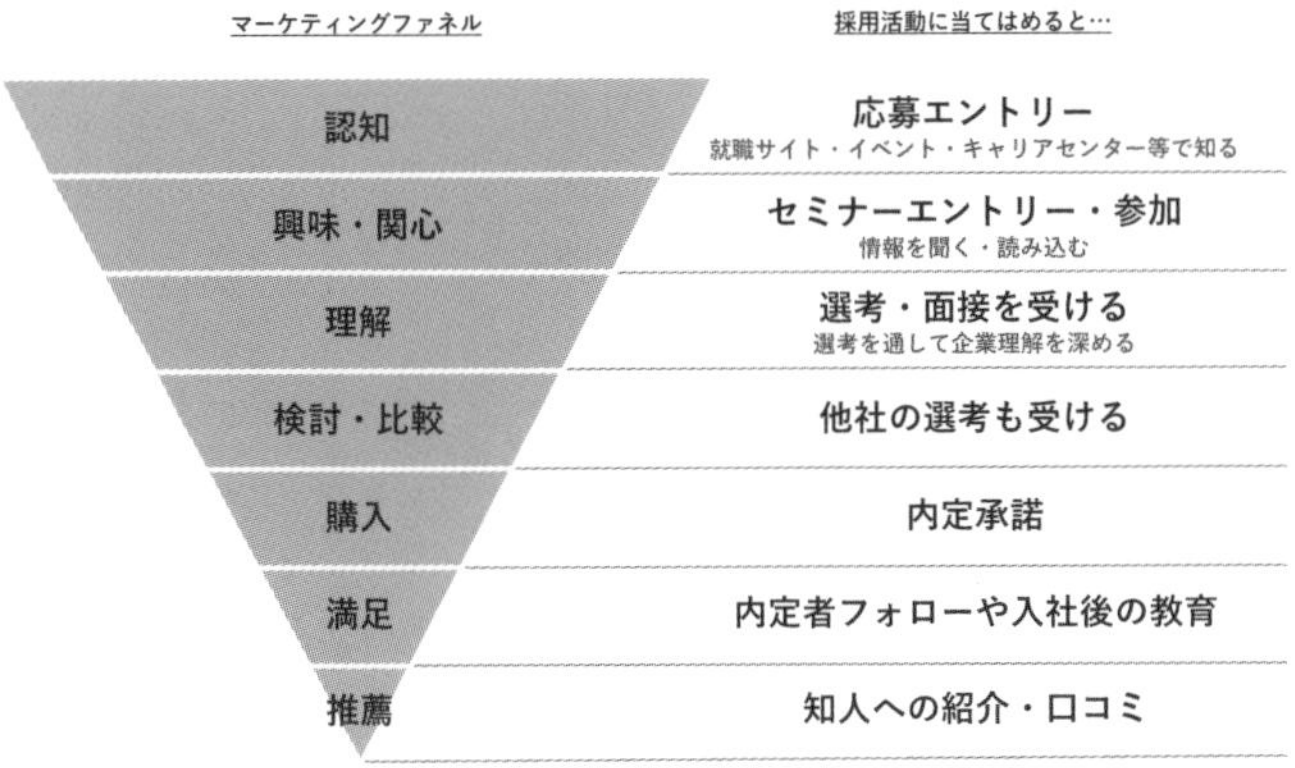

マーケティングの基本、「マーケティングファネル」

マーケティングに携わっている方であれば、図表13の「マーケティングファネル」について、よくご存知でしょう。人が商品を認知する時点から、最終的にその商品を購入し、周囲に推薦する時点までの心理的なプロセスのことです。

それぞれの段階を、図表13の右側に記載したように、採用活動に当てはめることができます。例えば、第一段階の「認知」は「応募エントリー」に、「購入」は「内定承諾」に対応しています。フローとしては、先にお伝えした「ＡＩＳＡＳの法則」に通じるところがあるといえます。

「ファネル」とは漏斗（ろうと・じょうご）のことで、たくさんの水を一気に入れたとしても、先端からは少しずつしか出てこない。つまり、たくさんの人に商品を認知してもらったとしても、途中段階で関心が薄れ、最終的に購入に至るのはわずかだということを表しています。「採用活動も漏斗の形をしている」という点は、通過率について考える際に忘れてはならないことです。

マーケティングの世界では「1／100の法則」という言葉もよく聞きます。

例えば、ある商品に興味をもった人が10000人いたとしても、実際に比較検討するのはその1／100である100人。さらに比較検討を進めて購入にまで至るのは、その1／100である1人しかいないという考え方です。逆に言うと、1人に確実に購入してもらうには10000人がその商品に関心をもたなければならないのです。

この数字は業界や商品によって変わってくると思いますが、「母集団がX人いないと、希望通りY人採用することはできない」という考え方は採用においても非常に大切です。

通過率の精度を高めるには

応募エントリーから内定承諾までのロードマップを明確に描き、各ステップにおける通過率を具体的に設定したとしても、必ず途中辞退者が出るので通過率は予定より下がっていきます。だとすれば、最初に設定する通過率は「絵に描いた餅」にすぎないのでしょうか？

そんなことはありません。

いくつかのポイントを押さえて、自社でコントロールできる合否の数だけでも死守することができれば、通過率の精度を最大限にまで高めることができます。

まず、その場の勢いや気分で「今日は厳しくいくぞ！ よい人材だけに絞って採るぞ！」などと行き当たりばったりでハードルを上げないこと。

当然ながら、合格基準を予定よりも厳しくすれば、通過率のパーセンテージは想定以下となり、最終面接に希望の人数が残らなくなってしまいます。

その上で、合格者が次の選考を辞退するというケースを減らさなければなりません。

第４章で詳しくお伝えしますが、面接官が悪印象を与えたり、会社の魅力を伝え切れなかったり、就活生の不安をフォローしていなかったりすると、あっけなく途中で辞退されてしまいます。

逆に言えば、質の高い面接をして「この会社、いい会社だな」と思ってもらえればいいのです。合否の決定権が企業側にある以上、就活生から次の選考を辞退されることさえなければ、通過率はコントロールすることができます。不手際は致命的だと思って面接に臨んでください。

また、辞退を防ぐためには、日程調整をスムーズに行うことも重要です。

一次選考、二次選考、最終選考に至るまで、それぞれの選考の間をあけすぎず、合格を出したらできる限りその場で次の日程を決めてください。間延びしてしまうとモチベーションが下がって、他社に流れてしまう可能性が出てきます。

選考日が近づいたらリマインドのメッセージを送ることも忘れずに。大変な労力を要しますが、そうした地道な調整の積み重ねが、通過率のコントロールにつながっていきます。手が足りなければ、このような部分だけ専門の業者に依頼するという方法もあります。

基礎4　採用の成否と予算の大小は直結しない

採用コストには「相場」がある

　事業内容がどんなに素晴らしくても、それが広く、正しく就活生に伝わらなければ、たくさんの応募者を集めることはできません。とはいえ、多くの中小企業にとって採用活動に割けるコストは限られています。中小企業の採用の相談に乗っていると、「コストをぎりぎりまで削りたい」というご要望が出てくるのはよくあることです。

　では、大卒の新入社員を1人採用するためにどのくらいのコストがかかるのか。大まかな相場をご存知でしょうか？

　業種や業態によって違いはありますが、平均では約70万円になります。採用人数の少ない企業や不人気業界に限っていえば、２００～３００万円かかっているケースも少なくありません。

「何とか1人あたり50万円で採用できないか？」などというご相談を受けることもありますが、その金額を実現するためには、広告のプランを廉価にして、パンフレットもＨＰも最低限の手づくり、説明会も最低限の内容で、面接の回数も減らし……といった方法をとるしかなくなります。

　せっかく素晴らしい事業を手がけていたり、業績が右肩上がりだったりしても、そんなレベルのＰＲしかできない会社を見て、優秀な人材が「他社を蹴ってまで入りたい」と考えるかといえば、答えは明らかにＮＯです。

どんなに素晴らしい事業内容だったとしても、きちんとした「見せ方」を意識し、実践しなければ、相手には伝わらないものです。

だからこそ、採用活動が重要な経営課題であることを経営者自らが十分認識した上で、適切な「相場」を把握し、予算を検討する必要があるのです。

資金は「多ければ多いほどいい」ということではありません。大切なのは「限られた資金をどこに投入するのか？」という戦略を練ることです。

「うちの会社は出せてもトータル３００万円だ」というときに、できることは何でしょうか？

もちろん、最初のエントリーを集める母集団形成のフェーズから内定後のフォローに至るまで、トータルで専門の業者に依頼できれば、それに越したことはありません。ですが、３００万円では残念ながら、そこまでの対応は難しいでしょう。

予算に限りがある場合には、例年どこでつまずいているのかを棚卸する必要があります。

そもそも、最初の時点でのエントリーが少ないのでしょうか？

エントリーはある程度集まるのに、面接を重ねていくうちに辞退者が増えるのでしょうか？

それとも、内定を出した後に、承諾書を出してもらえないケースが多いのでしょうか？

それぞれのケースによって解決すべき課題は異なります。そして課題が何かによって、コストをかけるべき点もまた変わってくるのです。

採用の全体像をつかみ、フェーズごとに区切って対策を立てることが必須です。

多額の広告費をかけて失敗するケースもある

「うちは大手のような広告予算を割けないから、採用がうまくいかないのは仕方がない」という言葉を、中小企業の経営者から聞くことがよくあります。

たしかに、知名度という点で大手企業に太刀打ちできない中小企業にとって、いかに求人広告で就活生の目を惹くかという点は大きな課題といえるでしょう。

だからといって、広告予算さえ潤沢にあれば採用はうまくいく、というものでもありません。

そのように考えて失敗した例を見てみましょう。

【事例】あるアミューズメント企業のケース

パチンコホールを運営するある企業で、ある年度に経営者が採用コストとして1500万円をぽんと出しました。

それで何人採用できたのかというと、わずかに3人だけでした。結果的には、1人あたりの採用コストが500万円になってしまったのです。もともと、パチンコ業界は採用にコストがかかり、1人あたり200万円は覚悟しなければならないといわれていますが、それでもさすがに500万円は高すぎます。

具体的に何が起こったかというと、「あの会社は採用に年間１５００万円もつぎ込むらしい」と聞きつけた広告代理店が群がり、「こんな広告を打てば、母集団をたくさん集められますよ」「この新しい広告オプションは効果的ですよ」「こんなイベントを開催すれば」「このツールを使えば」と口々にもっともらしいことをいいはじめました。

そこでいわれるまま広告会社に発注した結果、たしかに母集団はたくさん集まりました。しかし、その企業に面接官は１人しかいなかったのです。

面接の日程調整に手間取っているうちに、１人、また１人と他社へ流れていく。そんなことが続いて、結局３人しか採用できませんでした。

面接や説明会もていねいに準備できなかったのでしょう。せっかく入ってくれた新入社員にも愛社精神や帰属意識はまったく育っておらず、入社１ヶ月目から１人辞め、２人辞め、３年後には１人も残らなかったそうです。

こうした「母集団さえ集めておけばなんとかなるだろう」という感覚は危険です。母集団形成はあくまでも最初の１ステップにしか過ぎません。

もちろん、ある程度の母集団が形成できなければ先に進めませんが、人数が集まったとしても、マンパワーが足りなければ面接に十分対応しきれず、手をこまねいているうちにいい人材は他社に流れてしまいます。それでは多額の広告コストもムダになってしまいます。

先ほどもお伝えした通り、大切なのは予算の額そのものではなく「何に使うか」なのです。

基礎5　オンライン採用の時代だからこそ必要なフォロー

オンラインのメリット・デメリットとは

第1章でもお伝えした通り、今後、採用活動が完全オフラインに戻ることはないと思われる中、大切なのは、オンラインのメリットとデメリットを把握し、デメリットの解消に努めることです。

そしてメリット・デメリットは次のように整理できます。

メリット　移動時間、交通費をセーブできる

就活生、特に地方在住の学生にとって、移動時間を大幅に削減できたり、移動のための交通費を節約できたりすることは、エントリーへのハードルを大きく下げる結果につながります。

以前なら、移動時間や交通費のことを考えて、数を絞らざるを得なかった説明会への参加なども、「とりあえず話だけでも聞いてみよう」と気軽に参加できるようになりました。

これは、採用担当者の側にもあてはまります。

自宅にいながら面接することも可能になったので、同じく移動時間を省ける分、面接の回数を多くこなせるようになりました。

デメリット①　緊張感の低さゆえに、情報の聞き漏らしが増える

説明会1つとってみても、会場に足を運べば、周囲の目もあることから最後まで背筋を伸ばして集中して聞くものですが、画面越しの説明会ではついついスマホを横目で見ながら、ということも考えられます。実際のところ、大事な情報などを聞き漏らしてしまう就活生が増えています。

デメリット②　技術不足ゆえのミスが起きやすい

音声が聞こえない、画面が映らない、というトラブルはよくあることです。そうしたトラブルが起きたときにどうするのか（時間を置いてやりなおすのか、電話面談に切り替えるのか、など）を事前に考えておかないと、慌てている姿を見せることになり、信頼を失いかねません。

デメリット③　会社の雰囲気を体感できない

実際にオフィスを訪問することがなければ、「こんな雰囲気の建物で、こんな表情の先輩たちと一緒に働くんだ」とか、「何となく自分に合うような気がするな」などというフィット感や親近感を肌で確かめられないまま選考が進んでしまう可能性があります。

デメリット④　説明会などで質問をしづらい

対面での説明会の場合、大勢の前で挙手して質問しづらければ、帰りに採用担当者に声をかけて

〔図表14　オンライン会議に関する調査〕

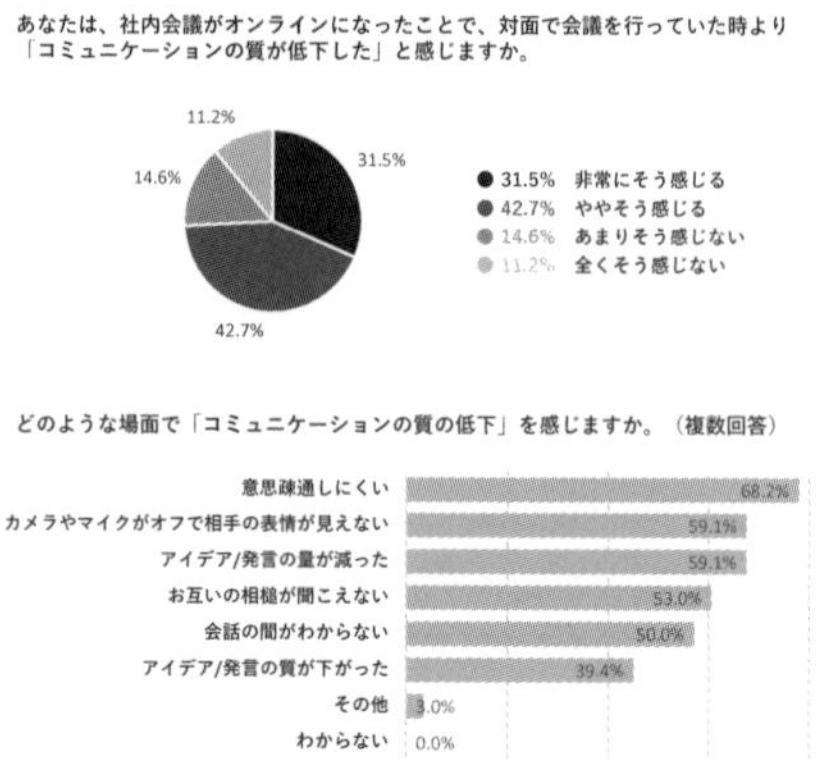

出典：オンライン会議に関する実態調査
（一般社団法人オンラインコミュニケーション協会　2021年10月19日）

質問をするなど、何らかのアクションを起こすことができます。目の前に相手がいることで少しの疑問でも気軽に解消できるわけです。

しかし、オンラインの説明会で挙手して質問をするとなると、人によっては高いハードルを感じてしまうでしょう。疑問を解消することができないまま先に進み、後々その疑問がわだかまりにつながることもあり得ます。

デメリット⑤　コミュニケーションが事務的になりがち

図表14からもわかる通り、オンラインの際はコミュニケーションの質が下がってしまうと感じている人が少なくありません。対面の場合に比べると、アイスブレイクとなるような雑談なしでいきなり本題に入りがちで、最低限の話題で終わってしまうケースが多いということは、私も日々の業務の中で痛感しています。

就活生からも「ただでさえオンラインだと目が合わ

ずに親近感がわかないのに、面接官がずっと下を向いたまま、シートに記入ばかりしているので、最後までどんな人なのかがわからなかった」「マスクをしたままなので顔がまったくわからなかった」といった声を聞くことがあります。

また、対面で面接をしていた頃は、紹介したい先輩社員などが社内にいる場合には、「ちょっと話してみてくれない？」と気軽に加わってもらうことなども可能でしたが、オンラインの場合にはそうした展開が難しく、すべてが事務的に終始してしまうことが増えたという声もあがっています。

この点については、就活生に会わせたい先輩社員に対して事前にＵＲＬを送っておくなど、対策を立てるしかないと考えています。

オンラインゆえの情報不足が内定辞退に直結することも

前項の内容からも明らかなように、オンラインのメリットは限定的で、デメリットの数は非常に多いという事実を認める必要があるといえます。

さらに前項で挙げた5つのデメリットには、「就活生にとって必要な情報が不足したまま選考が進んでしまう」という、共通する問題点があります。これらの問題点を放置しておくと、内定後の就活生のマインドに「よし、この会社でがんばっていこう」という高いモチベーションや愛社精神が育たないというリスクが高まります。オンラインのメリットだけに目を向け、安易に考えてしまう点に大きな問題があります。私が知っているある企業では、そのような考え方によって採用活動がうまく進みませんでした。1つの例として、少し見ていきたいと思います。

【事例】　あるサービス業のケース

あるサービス業の会社では、4月1日に3人の新入社員全員が揃っての入社式が行われ、翌日の4月2日がマナー研修だったのですが、3人のうちの1人が出社しませんでした。本人はおろか、保証人になっている保護者も電話に出ません。結局、入社式のあとは一度も出社しないまま、やむなく「退職」という扱いになりました。

この会社は最終面接まですべてをオンラインで完結させた会社です。この新入社員は入社式ではじめて会社を訪れ、先輩社員たちに出会い、「この環境は自分には合わない」と感じてしまった。そんな心の流れを想像することはできます。

入社翌日から来なくなったのは1人でしたが、この会社では、オンライン採用を始めてから急に、「配属先のエリアが思っていたのと違う」、「転勤はないと思っていたのに、入社してからいきなり転勤があるといわれた」などという苦情が寄せられるようになったそうです。

担当者の方に話を聞くと、「対面で採用していたときと同じように説明し、同じように契約書も交わしている」とのことですが、オンラインだからこそ情報が伝わりづらい、というデメリットを十分には意識できていなかったのかもしれません。

このようなケースは、他の会社でもよく見られるようになりました。

私も最終面接までオンラインで完結させる企業の採用を支援することがあります。内定を出した後に、「実際に会うのは初めてですね！」などと言いながら内定者と会うのですが、驚かされるのは、会社のことをよく知らないまま内定承諾書を出している人が多いという事実です。

新卒で入社する会社というのは、ビジネスパーソンとしての価値観の形成など人生において大きな意味をもつものだと考えていますが、オンライン採用が始まってからというもの、深く知らないまま入社を決める就活生が増えているのではないでしょうか。

例えば、洋服1枚を買うにしても、実際に店舗に足を運んで試着し、こだわりのポイントなどを細かく訊いて購入した場合と、ネットでクリックしただけである場合とでは、思い入れがまったく違ったものになります。

ネットで買う場合には、「想像している色と違ったら嫌だけれど、まあ、返品もできるし、商品が届いてから考えよう」という程度の気持ちで、クリックすることが多いのではないでしょうか。

就職活動も、オンラインでの採用が主流になってから、そうした軽い流れが出てきているように感じます。情報そのものは多くても、肝心の温度が伝わってこない。だからこそ、就活生にとっては覚悟を決めるうえで必要な、決定的な情報になり得ていないのです。

オンラインで採用を完結させる企業は特に、就活生がそうした状況の中で企業を選んでいる。その事実を十分に認識した上で、しっかりと信頼関係を築き上げ、就活生の心を惹きつけるように意識していきたいものです。

<第2章まとめ>

【基礎1】

採用活動は6ステップに分けて見ることで初めて、通過率やコストについての計画をたてることができる。

【基礎2】

人がインターネット上でモノやサービスを購入するときのフローである「AISASの法則」は就職活動にも一致している。

【基礎3】

母集団形成から内定承諾まで、各フェーズで何人が通過するのかを「通過率」と呼ぶ。このコントロールが採用の成否に直結する。

【基礎4】

採用コストには相場がある。例年どこでつまずいているのかを棚卸して、かけるべきポイントを決めるべき。

【基礎5】

オンラインでの採用活動では情報の詳細も、社員の温度感も伝わりづらく、内定辞退を招きやすい。

第3章　欲しい人材を「集める」ための4つの実践
～応募から選考へ導くためのノウハウ～

実践1　インターンシップとのつきあい方

インターンシップを取り巻く状況

昨今の就活で内定出しが早期化している一因が、大学3年生を対象として、競って開催しているインターンシップにあることは第1章の課題3（21頁）でお伝えした通りです。

こうしたインターンシップは、売り手市場で苦戦する企業が「就業体験」という本来の目的から外れて、「少しでも早く、就活生と接触して連絡先を手に入れたい。できることなら、優秀な学生を早々に囲い込んでしまいたい」という思惑のもとで開催していることがほとんどです。

また、売り手市場とはいえども、学生側にもインターンシップに参加し企業に顔を売ることで、就職活動を有利に運びたいという思惑がないわけではありません。

今、「ガクチカ」という言葉が学生の間で流行っていることをご存知でしょうか？

「学生時代に力を入れたこと」の略です。こんな言葉がわざわざ略語となって流行する背景には、コロナ禍で入学した大学生が何にも打ち込むことができないまま就活期を迎えているという現実があるようです。面接で「学生時代に力を入れたことは？」という質問をされると困ってしまうから、それらしい体験談をネットから引っ張ってくる就活生もいると耳にしたときには、なんとも複雑な気持ちになりました。

そんな就活生たちにとって、「インターンシップに参加した」と記載できることは、ある意味では1つの「ガクチカ」になり得るのでしょう。この点から考えると、企業と就活生の双方にとってwin-winであるのがインターンシップだといえるのかもしれません。

とはいえ、中小企業においては「インターンシップを開催するだけの予算もマンパワーもない」「開催したところで大手ほど就活生が集まらないだろう」という声も多く、状況を把握してはいるものの開催できない、または、あえて開催しないというケースも多いようです。

中小企業において、インターンシップ開催はマストなのか？

実際、就活生に人気のインターンシップランキングを見ると、並んでいるのは名だたる大企業や有名企業ばかりです。

中小企業も、ここに参戦すべきなのでしょうか？

私は、必ずしもしなければならないわけではない、と考えています。

まず、開催すると決めたところで、まだ業界研究も進んでいない大学3年生を知名度の低い中小企業が集めるのは難しい、という現実があります。

確かに、大学によっては複数のインターンシップに参加することを単位取得の条件にしている場合もあるので、学生を集めることは決して不可能ではありません。だとしても、そうした理由で集まった学生たちがそのまま本選考に残って、最終的に内定承諾書を出して入社するというのは、確率的にかなり低いといわざるを得ないでしょう。

そのように考えると、残念ながら中小企業にとってインターンシップはコストパフォーマンスが見合わない場合がほとんどなのです。

それでも、多くの中小企業で「やっぱり大手が開催するのにうちが何もしないのは不安だから、とりあえず形だけでも何かしなければ」という声があがるわけですが、私はそのような考え方にはまったく賛成できません。

もちろん、余力があれば開催するほうがいいに越したことはないでしょう。

しかしながら、「ひとまず予定だけはしておいて万が一人が集まったら適当に何かやろう」という程度のインターンシップであれば、何もしないほうが無難です。

インターンシップの参加者を採用につなげるには、多大な労力が必要です。

欲しい人材に響く企画を考え、日程調整をして、告知を出し、期日が迫れば応募者1人ひとりにリマインドメールを送らなければなりません。当日の進行にも一定の人手が必要ですし、終われば終わったで、参加したすべての学生にフォローのメールを入れる必要もあります。

さらに終了後に熱が冷めてしまわないよう、インターンシップに参加した就活生だけを集めたセミナーを開催するなど、あの手この手で本選考にまで持ち込む方法を考えなければなりません。

つまり、「当日うまくいけば無事成功！」なのではなく、1人でも多くの就活生から内定承諾書を出してもらってはじめて「コストパフォーマンスのよいインターンシップだった」と評価することができるわけです。

「とりあえず、やらないよりは」という程度の気持ちで開催すれば、会社のテンションの低さはすぐに就活生に伝わります。「なんだか雰囲気の悪い会社だな」「きっと仕事もいい加減なのだろう」などと思われ、しかもそうした悪評はあっという間に広まってしまいます。

開催するなら、「確実に採用につなげること」を目指して

インターンシップを開催するのであれば、自社がターゲットとする人材にしっかりと訴求する内容を企画に盛り込まなければなりません。

一般的ないい例、悪い例としては次のようなものがあげられるでしょう。

【いい例】

・「あなたが店長だったら、このような状況のときにどうしますか」などといったテーマを与えて、解決策を考えてもらうグループワークやケーススタディ＋会社説明。

・コミュニケーション力を身につけるためのワークショップ、自己分析や業界研究の仕方についてのセミナーなど、これから始まる就職活動に役立つ内容＋会社説明。

・「インターンシップに参加したら一次面接はパス」などの特典をつける。

（この時期に内定を出すことは御法度ですが、「ぜひ採用したい！」と思える人材が参加した場合、実質的な内々定を出してしまうケースも多々あります）

【悪い例】
・パンフレットやホームページに書いてあることを読み上げるだけで終了。
・採用に直結する仕組みが用意されていないため、参加者を取り込めない。
（※注）内容や言い回しによっては、ナビサイトなどに掲載できない場合もあるため、予め広告主や代理店に確認が必要です。

実践2　中小企業が勝負できるのは「企業ブランディング」

欲しい人材を明確化することがブランディングの基本

十分な母集団形成ができなければ、最終的な採用の人数にも影響が出るということは、第2章の基礎3（46頁）で「マーケティングファネル」の図とともにお伝えしました。

母集団の数を十分に確保するためには、1人でも多くの就活生に自社の存在を認知してもらう必要があります。そのために大切なのが企業ブランディング。つまり、自社の魅力を適切に、かつ広く周知していくことです。

仮に、そもそも知名度が低く、コストにも限りがある中小企業が採用で勝てるとしたら、企業ブランディングを徹底して、就活生に惚れ込んでもらうしか道はありません（73頁の図表16）。ここで手を抜くなどというのは非常にもったいない話です。

企業ブランディングにおいて何より大切なのは、企業として「欲しい人材（ペルソナ）をいかに明確化できるのか」という点です。

・これからの我が社に必要なのは、どんな人材なのだろうか？
・その人は、どんなキーワードに惹かれるのだろうか？

ペルソナの共感ポイントを洗い出し、明瞭な言葉に落とし込みます。ペルソナを曖昧にしたまま万人受けするメッセージを出したところで、望むような人材は集まりません。

起業も視野に入れているようなアントレプレナーシップを持った人材を求める場合には、「入社3年目で年収1000万円も狙えます」といったメッセージはどうでしょう？　将来的に出産しても子育てと両立しながらキャリアを構築していくような人材が欲しいなら、「育休復帰後のキャリアプランを充実させている」というメッセージが響くかもしれません。

ここで、欲しい人材と発信したキーワードとがズレてしまった失敗例を見てみましょう。

【事例】　ある教育系ベンチャー企業のケース

教育系ベンチャーであるこの会社は「お客さまを幸せにして、みんなで笑顔になろう」といったニュアンスの経営理念を非常に重視していました。

この年に採用したかったのは営業担当者です。それも、ベンチャー気質のある強気な営業マンを求めていました。

にもかかわらず、先ほどのやわらかい印象を与える経営理念と「教育分野」というキーワードを求人広告に強く打ち出し過ぎてしまったのです。

その結果、集まってきたのは「学習塾の講師をやっていました」という就活生ばかり。学習塾の営業というものは、関心をもって来てくれたお客さまにサービスをすすめるインバウンド営業です。しかし、この会社が求めていたのは、外に対して積極的に攻めていくアウトバウンド営業でした。かなり強気な人でなければ折れてしまいます。

欲しい人材とアピールポイントにギャップが生じたことが原因で失敗してしまう。そんな典型例になってしまいました。

このようにして見ると、ペルソナのもとへと確実に届くメッセージを出すということは、決して簡単なことではないことがわかります。

受け手との間に大きなギャップが生じないよう、メッセージの内容だけでなく、言葉の選び方、デザインや写真など、すべてが一貫性を保つように細心の注意を払ってください。

基本はホームページと就職サイト

欲しい人材を絞り込み、そこに向けてどのようなメッセージを出すのかが定まったなら、まずはベースとなるホームページや就職サイトを使って伝えていきます。

こうした基本的な媒体での説明が不十分だと、最初のエントリーにつながらないばかりか、選考が進んでから「想像していた会社とまるで違った」などと齟齬が生じて、内定辞退へとつながるおそれがあるので要注意です。

①ホームページ

ホームページがきちんとつくり込まれているかどうかは、採用の成否を大きく左右します。さらに余力があれば、採用専用のページも用意しましょう。ポイントは次の通りです。

・トップの思いや理念、商品やサービスの特徴、待遇や福利厚生、社風など、同業他社との違いが一目でわかるような情報を明記する。
・欲しい人材が反応しそうなキーワードやメッセージを意識的に使う。
・採用担当者や先輩社員からのメッセージ、日々の仕事などを写真や動画で紹介する。
・「○○で第1位」といったナンバーワン認証を取得して、目立つところに記載する（「自称1位」は景品表示法違反となり、最悪の場合、今後その広告は使えなくなるので厳禁です）。
・昨今の就活生は、ホームページをパソコンではなくスマホで見ています。モバイルファーストでつくることをおすすめします。

②就職サイト（マイナビ、リクナビなど）

72頁の図表15からもわかるように、ほぼすべての就活生がマイナビやリクナビ等の就職サイトを

〔図表 15　2022 新卒採用ナビサイト利用状況の調査〕

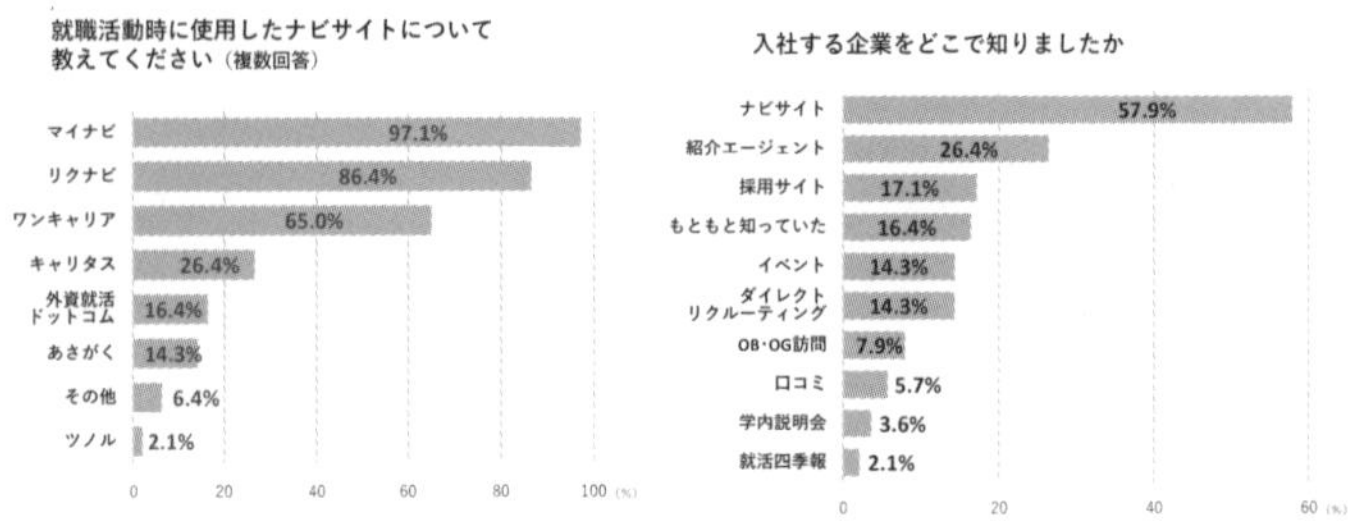

出典：22 卒　ナビサイトコンテンツの利用状況 学生・企業双方向調査
（(株) 学生就業支援センター　2021 年 12 月）

利用しています。

ただし、掲載企業数を見ると、マイナビは２万６３６８社、リクナビは1万２６５０社（ともに２０２２年3月時点）と膨大なので、企業にとっては、掲載しただけでは埋もれてしまうというのが実情です。これらのメディアに掲載する求人広告に「何をどのように書くのか」が採用の成否への大きな岐路となるのは間違いありません。

ポイントについては次のように示すことができます。

・会社のキャッチコピーにあたるキーワードは「何をしている会社なのか」「どんな特徴があるのか」が一目で分かる内容を、規定の文字数を最大限に使って表現する（「あなたと一緒に未来をつくる」「笑顔のためにチャレンジ」などの漠然としたスローガンは、何をしている会社なのかがまったくわからないので避けてください）。

〔図表16　採用における企業ブランディングチェックリスト〕

ブランディングの基本	□ 採用ターゲット・欲しい人材（ペルソナ）が明確になっている
比較的高コストのもの	□ CM・マス広告など、マスメディアの広報活動をしている □ イメージキャラクター（著名人・芸能人など）を起用している □ 代表者が書籍を出版している □ コーポレートサイトや採用サイトをトレンドに合わせてリニューアルしている □ 各採用ツールのデザイン・内容に一貫性がある
比較的低コストのもの	□ SNSの企業アカウントがあり、満足に運用している □ 自社のサービス・商品が、比較サイトに取り上げられている □ 自社のサービス・商品に関して、口コミサイトの量と質を上げる活動をしている □ 企業口コミサイトのチェック・対策をしている □ インナーブランディング（既存社員に対する企業理念・企業価値の浸透）に力を入れている

・企業の説明も、事業内容や社風、客観的評価など、具体的に記載する。

・「○○な企業ナンバーワン」などの認証を取得して、目立つ位置に記載する。

・コストをかけられるのであれば、写真掲載や検索結果の上位表示、スカウトメール送付機能などのオプションを設定する。

SNSを使いこなすより大切なことは

採用活動にSNSを使う会社は確実に増えています。

社長本人が動画などに登場して人気者になるなど、SNSを駆使して採用を有利に運んでいる企業の話題も後を絶ちません。

就活生側もYouTubeやtwitter、インスタグラムを中心にSNSを日々使いこなしているので、就活生の目に触れる機会を無料で増やせるという意味で、これに勝るものはないといえます。

ただ、現実問題として、ＳＮＳを運用するにはかなりの時間と労力が必要です。現状でＳＮＳをうまく回すことができているのは、マンパワーに余裕のある大手企業や、全社をあげてこの課題に取り組もうという雰囲気のある会社に限られます。そもそも、採用を他の業務と兼務せざるを得ないような中小企業がＳＮＳを運用していくのは至難の業です。

取り組む以上は、更新頻度を保ったり、誰もが親近感や好感を抱く内容を吟味したりすることに細心の注意を払わなければなりません。炎上すれば致命傷を負うこともあります。

また、数年前までは利用者の多かったFacebookもいまや若者で使っている人はほとんどいないなどといったように、ＳＮＳは流行り廃りの非常に激しい世界です。よって、時間と労力をかけて運用に慣れたところで、翌年の就活生にもそのまま通用するとは限りません。

そのように考えれば、ＳＮＳの運用に無理をすることはないのではないでしょうか。

ベースになるのは、いつの時代もホームページ

どれだけＳＮＳが賑わっていても、ホームページを確認することなくエントリーする就活生はほとんどいないでしょう。

もしもマンパワーに限りがあるのだとしたら、優先順位としてはＳＮＳよりもホームページのほうを上位に置くべきだと私は考えます。同時に、マイナビやリクナビといった定番の就職サイトに

掲載する内容もじっくりと練り込んでください。SNSについては、それでも余裕があったときに考えればよいと思います。

実践3　本選考に誘導できる「セミナー」とは

他社との差別化を図れるセミナーとは

企業ブランディングに尽力して、何とか自社の存在までは知ってもらったとしても、セミナーに参加してもらえなければ、一次選考というスタート地点にすら立てません。

応募エントリーをしただけの人。

セミナーエントリーはしたものの実際に参加するかどうかは決めていないという人。

そのような人を惹きつけるには、独自のセミナー企画で他社との差別化を図る必要があります。

ホームページやパンフレットと同じ内容を聞かされるだけのセミナーであれば、忙しい時期にわざわざ足を運んでもらうことはできないでしょう。

王道としては、経営者が登壇する「トップセミナー」があげられます。

ここでしか聞けない話があると思えば、参加率は必然的に上がるものと期待できます。

外部の研修講師による自己分析セミナーやコミュニケーションセミナー、面接対策セミナー等を会社説明と組み合わせる形も人気です。こうした付加価値を付けることで、参加したいと思う人を一定数増やすことができるでしょう。

単純なことですが、セミナーを開催する日程をいくつか用意したり、対面とオンラインの両方で開催したりすることも効果的です。

また、就活生に個別のセミナー招待メールを送る手間を惜しまないことも大切です。テンプレートの文章だけでなく、本人の名前で呼びかけ、応募エントリーに書かれていた点などを拾い上げ、「そんなあなたにこそ来て欲しい」というメッセージを伝えてください。

参加を迷っている就活生であれば、その一言で足を運んでくれる可能性があります。

セミナー参加者を本選考へ導くには

セミナーの内容として大切なのは、ホームページに書かれていないような詳細を伝えること。

就活生から、「会社概要を読み上げていたけれど、結局のところ何をやっている会社なのかよくわからなかった」「説明を聞いたものの、自分が働くイメージがまったくわかなかった」などの声を聞くことが少なくありません。

会社概要や求人情報はホームページや就職サイトを見ればわかります。

大切なのはその背景にある経営者の考え方、社風、実際の日々の業務、5年後、10年後に向けたキャリアパスや年収等について具体的に話すこと。それがあるからこそわざわざ足を運ぶ価値のあるセミナーになるのです。

資料には、スライドだけではなく動画も入れてください。内容が伝わりやすくなるだけでなく、担当者の力量の差によるブレなども気にならなくなります。特にオンラインの場合には淡々とした雰囲気になりがちなので、メリハリをつける意味でも動画はおすすめです。

この段階でしっかりと理解できなければ、その先の選考に進もうという気持ちにはなれません。スライドや動画編集の方向性、配布物、当日誰が表に立って話すのか、すべてにおいて徹底的に話し合って決めましょう。

さらに、ぜひとも入社してほしいと思える就活生がいる場合には、セミナー終了後に声をかけて、「さっきの質問はよいところを突いていてとても面白かったです。少し時間ありますか？」などと個別に会話をしてみるのもおすすめです。

そこでいい感触を得られたならば、「あなたが本当に当社を希望してくれるなら、一次面接はクリアしたということにして、次は直接部長に会ってほしい」と申し出るのもアリです。

本気で入社してほしいと思えるほどの相手であるならば、そうした特別感を演出することも大切です。

採用は恋愛に通じるところがある、とよくいわれます。

この人こそ、と思う就活生に出会ったときには「私はあなたのこんなところに惹かれています」と自分の言葉でまっすぐに伝えてみるのが何よりです。反対に、セミナーでグループワークなどをやらせてみて、「うちの会社には合わないかもしれないな」と感じた就活生がいた場合には、そこでしっかりチェックしておくことも重要です。

人が心を動かされるのは、話し手の人間性が見える瞬間

ここまで、採用セミナーのノウハウを中心にお伝えしてきましたが、何事であれ、テクニックを磨くことだけにこだわりすぎると、「生身の人間に相対している」という意識が希薄になるリスクが生じてきます。

これはセミナーについてもまったく同じです。完成度を上げて、スマートになどと意気込むほど、情熱や人間味が伝わりづらくなってしまいがちです。

忘れてはならないのは、就活生が気にしているのはセミナー自体の完成度ではなく、「この上司の部下になったら、毎日どんな気持ちで仕事をすることになるのだろうか」という点である事実です。

結局のところ、どれだけスムーズに進行したとしても、それが「よいセミナー」なのかというと、一概に「ＹＥＳ」と答えることはできません。

それとは逆に、進行は失敗したものの、情熱や人間味が伝わって成功したケースもあります。どんな事例だったのかを見てみることにしましょう。

【事例】　あるサービス業のケース

会社説明のスライドや動画などを全面リニューアルした会社が、１回目のセミナーに挑むことになりました。スタート直前までスライドの内容が二転三転し、当日はバタバタです。

本来なら若手の社員が登壇して説明するのですが、このときは内容を変更した直後だったため、責任者である課長本人が登壇することになりました。

しかし、新しいスライドに慣れていないうえに動画が再生できないなどのトラブルも発生。

課長「これ、どうするんだっけ？」

部下「あ、こうすれば大丈夫です」

課長「ごめんね。ありがとう、助かったよ！」「就活生のみんなもごめんね、実は、このスライドを使うのは今日が初めてなんだ。バタバタしちゃったけど、僕たちの会社のよさがとっても詰まったスライドだから、ぜひ見てほしかったんだ」

そのようなやりとりを経て無事に動画も再生でき、手づくり感のある説明会が終わりました。

スムーズにいかなかったという意味では、失敗なのかもしれません。

しかし、就活生の反応は非常によかったのです。思わぬアクシデントから垣間見えた課長の人間味やチームワークのよさに、この会社の魅力がにじみ出ていたのでしょう。

結果的に、予想を超える数の就活生が本選考に進むことになりました。

セミナーは、採用担当者の誠実さがどれだけ伝わるかが勝負です。

次章でも詳しくお伝えしますが、採用担当者が「僕はこの会社で働くようになって、こんな風に成長したよ」「苦労は絶えないけれど、僕にとってはここでしか経験できないことなんだ」などと、自分を主語にした「I（アイ）メッセージ」で発信できると、相手の心にしっかり届きます。

採用活動後半戦なら、選考を兼ねるセミナーもあり

セミナーというのは、基本的には会社の説明をする場ですが、「今回のセミナーに参加した人は一次面接免除です」「最短○日で内定まで出します」「今日1日で内定まで出します」といった形で、ワンデー選考会のように進める場合も少なくありません。

こうした内定に紐づけた形のセミナーは、就活生に焦りが出てくる後半戦に有効な手法ですが、実は企業にとっても大きなメリットがあります。

というのも、適性検査、学力検査、何度も繰り返される面接など、選考のステップ数が多ければ多いほど、就活生が途中離脱していく危険性は高まります。そして、採用担当者にとっては、選考の回数が増えれば増えるほど、日程調整に大変な苦労をすることになります。

その点、ワンデー選考会では、その日のうちにすべてを完結させることができるので、日程調整も選考そのものも非常にシンプルです。

特に採用活動が後半戦に入っていたら、就活生の焦りも汲み取りながらワンデー選考の実施を検討することをおすすめします。

実践4　採用担当者に知っておいてほしい「信頼蓄積」という考え方

採用担当者は、他人の人生を大きく左右する存在

大げさに感じるかもしれませんが、採否を決めるということは、相手が新卒の場合はもちろん、中途であってもアルバイトであっても、その人の人生を大きく左右する重大な問題です。

求職者から見れば、未知の世界を前にたくさんの不安を抱えながらも、「この人がいうことなら大丈夫だろう」「この人が働いている会社なら間違いないだろう」と、思い切って自分の人生を託す相手が採用担当者なのです。

採用担当者はその点を自覚して、自分の仕事に責任と覚悟をもたなければなりません。

この本もそうですが、採用のノウハウについて調べると、マーケティングの専門用語をはじめ、さまざまなデータが並んでいる場合がほとんどです。もちろん、そうしたノウハウも大切ですが、人事は「人のこと」と書きます。いかに人と人が信頼関係を構築できるかということがベースになる。その点を決して忘れてはいけないと私は肝に銘じています。

信頼とは

では、「信頼」とはいったい何なのでしょう？

採用担当者はどのようにして、就活生からの信頼を得ていけばいいのでしょうか。

社会心理学者のエドウィン・ホランダーは「リーダーが周囲に影響力を発揮できるかどうかは、日常的な信頼の蓄積があるかどうかにかかっている」という「信頼蓄積理論」を唱えました。これはマネジメント研修などの場でよくお伝えする重要な観点ですが、採用担当者にもぜひ知っておいていただきたいと思います。

簡単にいえば、信頼とは積立貯金のようなものです。

貯金が貯まっている相手からであれば、苦言を呈されても、面倒なことを頼まれても、その貯金を少し崩すようなイメージで気持ちよく受け入れることができる、ということです。

たとえば、「上司Aから注意されたときは心から申し訳ないと思う一方で、まったく同じことを上司Bに注意されると腹が立って仕方がない」という経験はありませんか?

上司Aには信頼が蓄積されていて、上司Bには蓄積されていない。

そのような違いが如実に表れるのが、先のような注意を受けたケースです。

なぜ採用担当者が就活生からの信頼を貯めていかなければならないのかというと、最終的には「内定承諾書を出してほしい」という思いに応えてもらわなければならないからです。

「内定承諾書」というとただの書類のように聞こえるかもしれませんが、大切なのは形ではなく、むしろ「精神的に承諾しているかどうか」のほうです。ここでがんばっていこう、という希望と覚悟を込めてハンコを押す。そんな大きな決断をしてもらうためには、採用担当者に対する信頼の貯金が貯まっていることが必要なのです。

信頼を蓄積するための3つのポイント

信頼を蓄積していくために欠かせないポイントは、次に述べる３つだと私は考えています。

①相手を尊重して興味を示す

深い信頼関係を構築するには、相手を理解し尊重する姿勢が欠かせません。

特に「相手が大切にしていることを大切にする」ということは非常に重要です。

たとえば、あなたの趣味が登山だとしましょう。まだつきあいの浅い相手がその事実を知って、「山はいいですよね。僕も何度か登りましたが、とても達成感があって、仕事にも通じますよね」などと共感を示してくれたら、どんな気持ちになるでしょうか？

さらに、次に会ったときに「○○さんに感化されて、僕も久しぶりに登ってみました。いやあ、よかったですよ！」などと同じ体験をしたことを伝えられたらどうでしょう？　自分が大切にする物事を理解してくれたというだけでなく、自分自身を受け入れてもらっている、大切にされている、そんな実感がわいてきませんか？

同じく、自分の長所を見つけて、大切に伸ばそうとしてくれる人にも好感を抱きます。信頼関係はそうしたコミュニケーションから育っていきます。

逆にいえば、何を話しても覚えていてくれない人や、自分が大切にしていることに否定的な人、短所や過去の過ちをいつまでも指摘する人に対しては「自分のことなど、どうでもいいのだろう」「この人にとって自分は価値がないのだろう」と感じますし、そのような相手に好感をもつ人も、信頼感を抱く人もいません。

採用活動中のすべてのコミュニケーションにおいて、「相手が大切にしている価値観を尊重する」姿勢を示すことが非常に重要である点を、ぜひとも心に留めておいていただきたいと思います。

②自責で行動する

採用担当者は、会社を代表して就活生とコミュニケーションを図るため、「我が社では」「うちの代表は」という主語で話さなければならないことが多々あります。

ですが、就活生が真に信頼感を抱くのは、採用担当者が自分の言葉で、自身について語る姿を目にしたときです。

そこには、会社ではなく、担当者個人としての責任感がにじみ出るからだと理解しています。

また、何かトラブルなどが起きた際には、自分事として捉えて他人や環境のせいにしない姿勢も、強い信頼感の醸成につながります。

採用の過程においても不測の事態が起きることはありますが、就活生にはトラブルそのものよりも、採用担当者の対応のほうが印象に残ります。

ベクトルを自分に向けて、自分の言葉できちんと謝罪したり、善後策を提案したりすれば、それは確かな信頼感へとつながっていくでしょう。

何事もできない理由を探すのではなく、「どうしたら打開できるのか」を考える。そのような担当者が多くの就活生を惹きつけるのです。

③誠実な言動をとる

誠実さを伝えるための第一歩は「言行一致」です。

言ったことは守る、指示したことは自分も率先して実行する。それらは非常に大切なことです。率直さや謙虚さも必要です。言いづらいことであっても、目を見ながら丁寧に伝えられる人は、短い選考期間であったとしても、就活生の心にしっかりと残ります。逆に、何を考えているのかがわからない人には、ついていこうという気持ちにはなれません。

Z世代の新卒生であれば、採用担当者と大きく年齢が開いているため、戸惑うこともあり得ます。それでも、「言行一致」を原則として、言うべきことをきちんと言葉で伝え、感謝や謝罪の気持ちも率直に伝える。その姿勢を常に維持したいものです。

誠実な採用担当者は内定を辞退されないだけでなく、「○○さんがいたからこの会社に入った」と入社後も慕われ、頼られる存在になっていくものです。個人的には、採用の仕事のやりがいとはこうした点にあるのではないかと感じています。

<第3章まとめ>

【実践1】

中途半端なインターンシップはコストパフォーマンスが低いことに加えて、会社の評判を落としてしまうリスクが高い。開催するなら、必ず採用に結びつける心意気で！

【実践2】

企業ブランディングは、欲しい人材の明確化から着手する。SNSの運用よりもまずはベースになるホームページや就職サイトの内容を充実させる。

【実践3】

セミナーは独自の企画で勝負する。ただ資料を読み上げるだけのセミナーは絶対にNG。就活生は、採用担当者の人間性を見ている点を忘れずに。

【実践4】

採否を決めるというのは相手の人生を左右すること。採用担当者は「相手を尊重」「自責で行動」「誠実な言動」で就活生との間に信頼を蓄積することを目指す。

第4章 欲しい人材を「惹きつける」ための5つの実践

～面接力向上のためのノウハウ～

実践5　面接官の最大の仕事は、会社の魅力を自分の言葉で伝えること

面接官が就活生に伝えるべきことは？

今の就職マーケットは超売り手市場です。

第1章の課題2でお伝えしたとおり、3月の時点で内定率が22・6％に達しているだけでなく、9月の時点では65％以上の就活生が2社以上からの内定を獲得しています。

当然のことながら、選考が進む中で少しでも面接官に違和感を覚えれば、就活生はあっけなく次の選考を辞退するでしょう。

このような状況において何より大切なのは、第3章の実践4でお伝えしたように、採用担当者が就活生と深い信頼関係を築くこと。それは面接のフェーズに進むとさらに強く求められるといって差し支えありません。それにはもちろん理由があります。

大手企業が相手であれば、就活生はすでに十分な情報も信頼感ももち合わせており、憧れだけで突き進めるものですが、知名度の低い中小企業が相手となれば、説明会や面接などを通してそこで働く人の人間性に触れ、「この人となら安心して一緒にやっていけそうだな」と思えてはじめて次の選考に進もうと心が決まるものだからです。

面接にはさまざまなテクニックが存在しますし、事前に準備しておかなければならないことも少

なくありません。ロールプレイングなどの練習も必要になるでしょう。

とはいえ、それらのスキルを超えて、人としてしっかりと信用してもらったうえで、「この会社で働くことがいかに素晴らしいのか」「この会社で働いてきたことで自分がどれだけ成長したのか、また社会にどれだけ貢献できたのか」などを伝えて、就活生の気持ちを惹きつける。それこそが面接官のもっとも大切な仕事だという点は心に留めておく必要があります。

面接官の印象が入社意欲に影響する

面接のノウハウをお伝えする前に、アンケート調査の結果から、面接官の言動がいかに就活生の心理に影響を及ぼすのかを見ていきましょう。

図表17では、「その企業に入社したいと最初に強く思ったタイミング」として４人に１人が「一次面接〜最終前面接受験時」または「最終面接受験時」をあげていることから、面接官の印象が入社意欲を左右していることが伝わってきます。

図表18では、約半数が「入社先企業を決められた理由」として、「説明会で興味を持ち、選考を経て志望度が上がったから」と答えています。選考が進むにつれて入社したいという意欲がぐっと上がっていくというのは、面接官が就活生の気持ちをしっかりとつかんでいる証拠。理想的な形だといえるでしょう。

図表19では、面接で志望度が上がった理由として次のような声があげられています。

〔図表 17　2023 卒採用　面接の影響力①〕

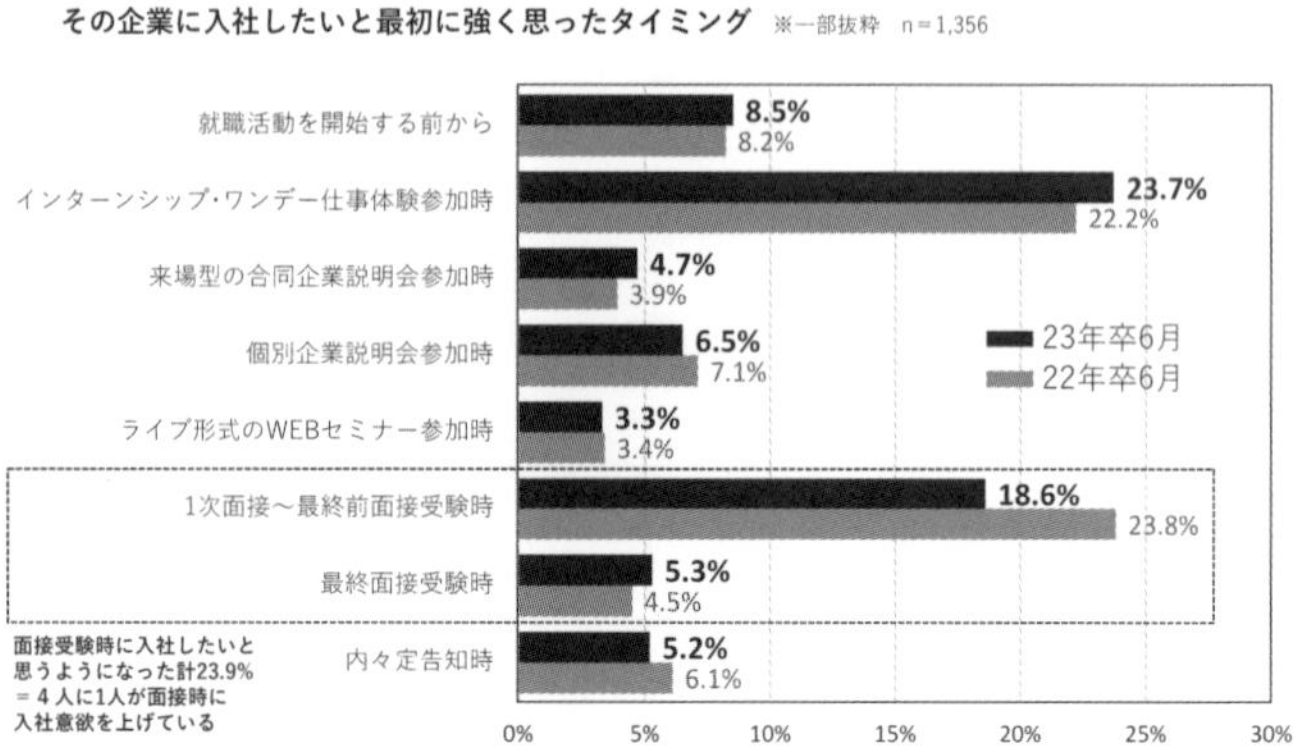

出典：マイナビ 2023 年卒 学生就職モニター調査 6 月の活動状況
（(株) マイナビ 2022 年 7 月）

〔図表 18　2023 卒採用　面接の影響力②〕

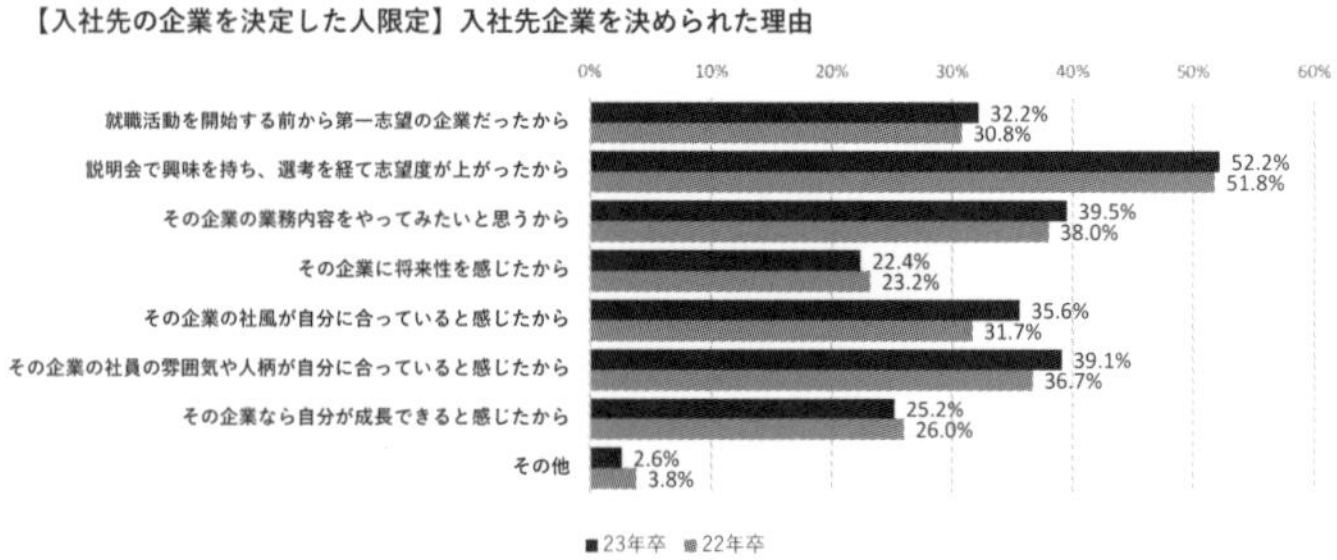

出典：マイナビ 2023 年卒 大学生活動実態調査（6 月 15 日）
（(株) マイナビ　2022 年 6 月）

〔図表 19　2023 卒採用　面接の影響力③〕

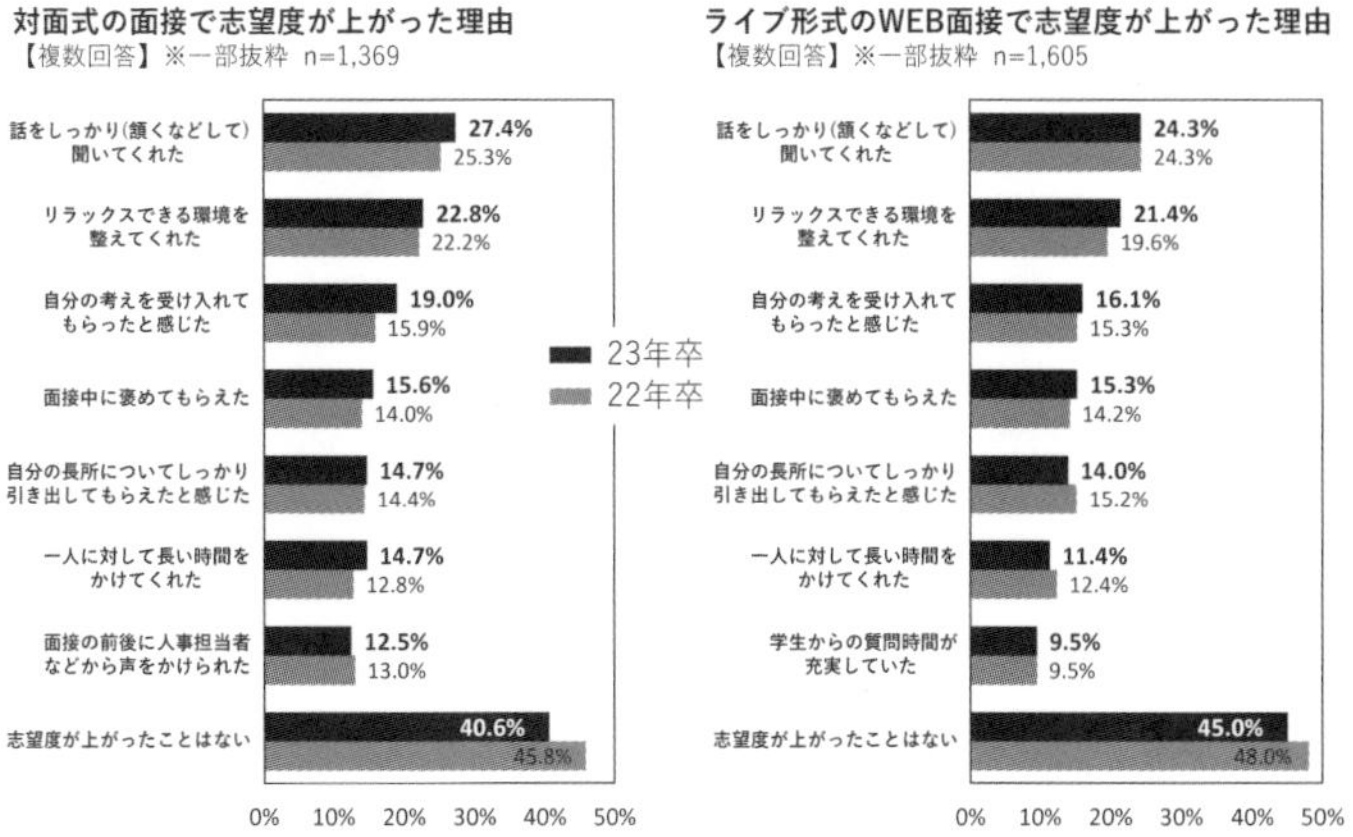

出典：2023 年卒 学生就職モニター調査 6 月の活動状況
（(株) マイナビ　2022 年 7 月）

〔図表 20　2023 卒採用の課題（企業調査）〕

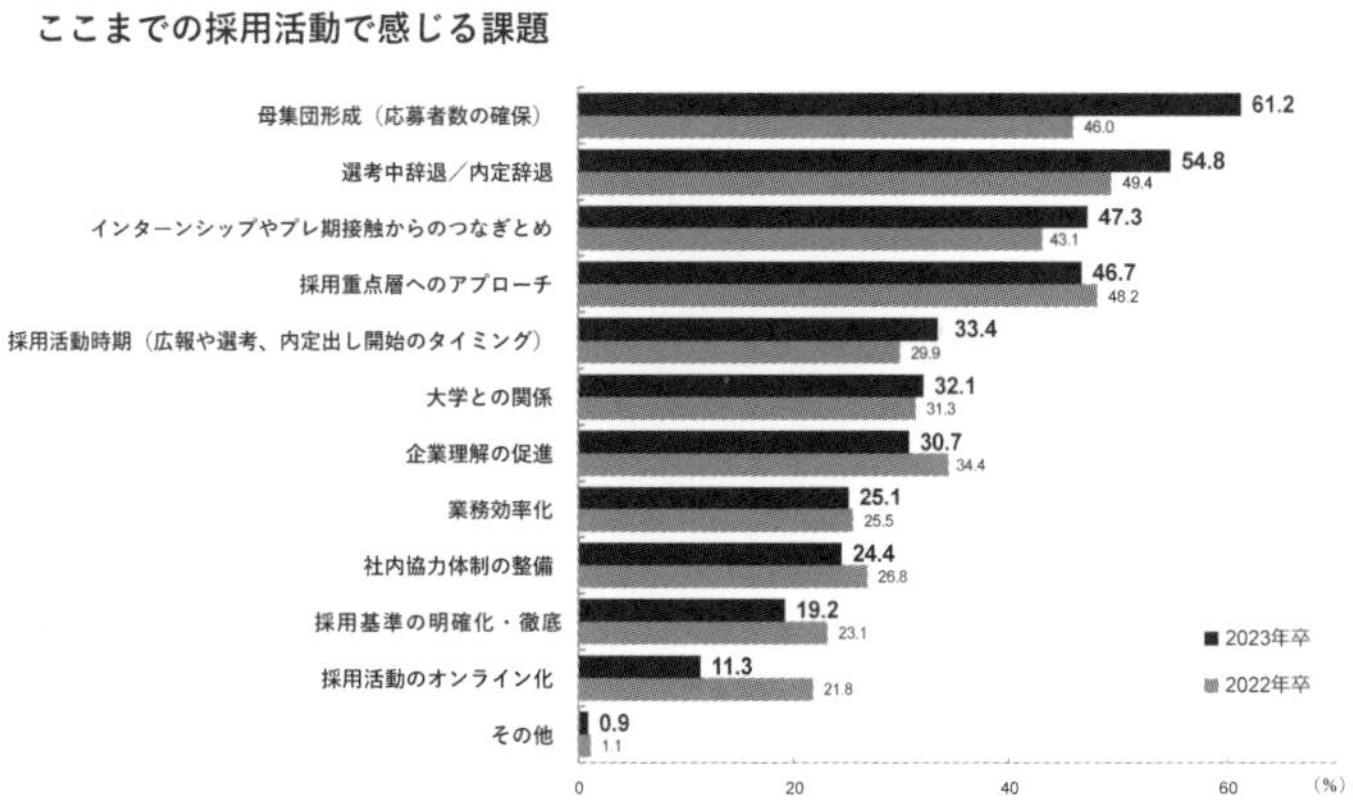

出典：2023 年卒 採用活動の感触等に関する緊急企業調査
（(株) ディスコ　2022 年 5 月）

〔図表21　中途採用　面接の影響力〕

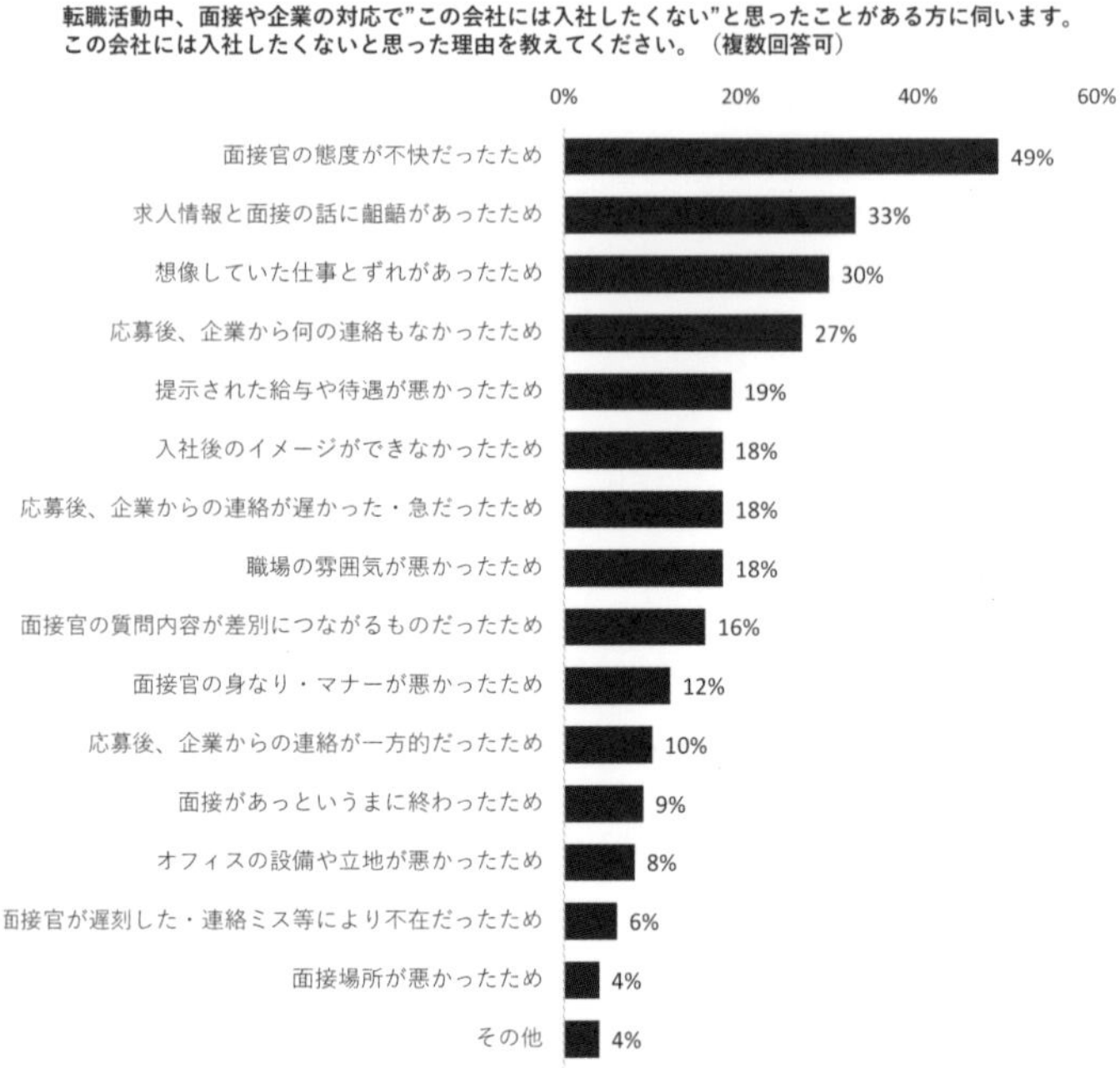

出典：企業・面接官対応の応募者への影響
（エン・ジャパン（株）2022年8月19日）

・話をしっかり聞いてくれた
・リラックスできる環境を整えてくれた
・自分の考えを受け入れてもらったと感じた

面接という場におけるコミュニケーションの質が就活生の志望度に大きく影響する。

そのことがはっきりとわかる結果になっています。

さらに、企業調査の結果から、企業としても面接におけるコミュニケーションの質を重視している実態を読み取ることができます。

図表20が示すように、「ここまでの採用活動から感じる課題」の２つ目として「選考中辞退／内定辞退」があげられています。

選考中の辞退といえば、まさに面接官の問題です。

面接でのコミュニケーションの質が低ければ、辞退という残念な結果につながってしまうということです。

図表21は、中途採用者へのアンケートで、転職活動中、面接や企業の対応で「この会社には入社したくない」と思ったことのある人を対象にした「その理由は何でしたか？」という問いに、約半数の人が「面接官の態度が不快だったため」と答えています。

就活生が働く意欲を高めるのも士気が下がって離脱していくのも、面接官次第だといっても過言ではないことが伝わってきます。

実践6　トークは「欲求段階」の見極めがポイント

「マズローの欲求5段階説」に就活生をあてはめる

具体的なノウハウの話に進む前に、もう少しだけおつきあいください。

アメリカの心理学者アブラハム・マズローは「人間の欲求は生理的欲求、安全欲求、社会的欲求、承認欲求、そして、自己実現欲求の5段階のピラミッドのように構成されている」という、いわゆる「マズローの欲求5段階説」を提唱しました（図表22）。

みなさんもどこかで耳にされたことがあると思います。

選考期間中の就活生の心理は、まさにこのマズローの欲求5段階説に沿って変化していきます。

面接で就活生とコミュニケーションを取る際には、漫然と話を聞くのではなく「この就活生は今、5段階のうちのどこにいるのだろう？」と意識して話に耳を傾けてください。

就活生の心をとらえるトークというのは、一方的な企業アピールではありません。

相手がどの段階にいるのかを見抜き、その段階にあった訴求ワードで不安を和らげたり、士気を高めたりするトークが求められています。

自分の段階に即した言葉をかけてもらえてはじめて、「自分はわかってもらえている」と感じて相手に信頼感を抱き、１つ上の段階への目線をもつようになります。

〔図表 22　マズローの欲求５段階説を用いた面接トーク〕

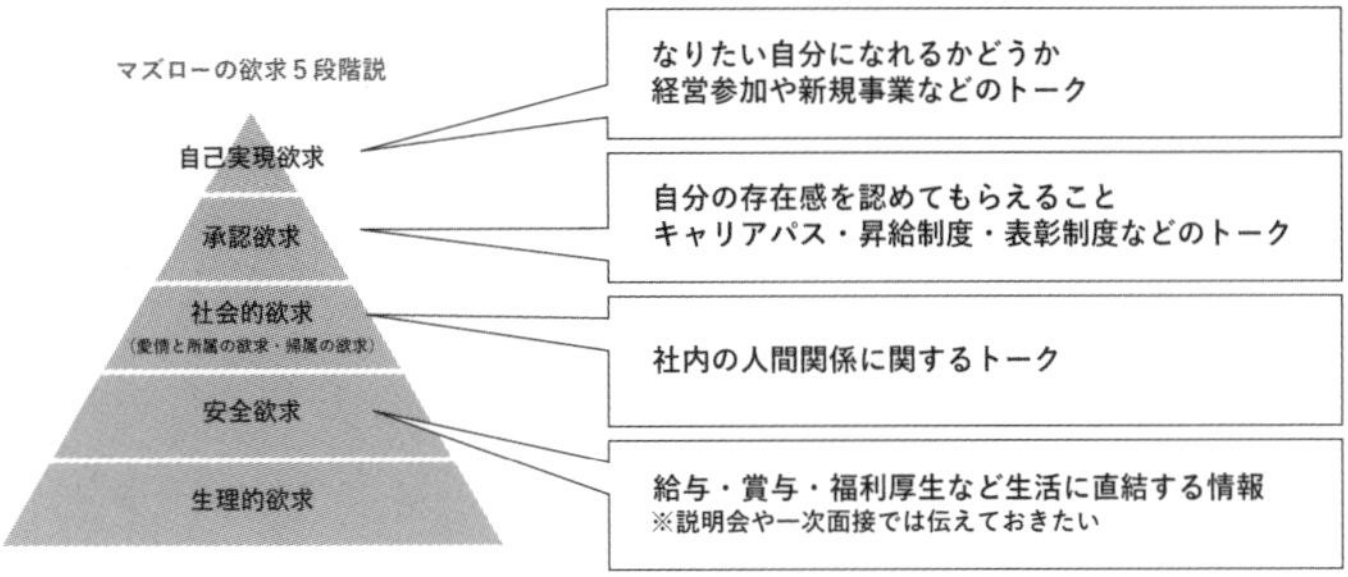

たとえば、「とりあえず、どこでもいいから内定をもらえれば安心できる」「来年働くところがあればそれでいい」といった気持ちは、ベースとなる生理的欲求でしかありません。

「この会社の給料で余裕をもって暮らしていけるのだろうか」「休みはちゃんと取れるのか」と、入社後の暮らしを心配している就活生は、その１つ上である安全欲求の段階にいます。

本来、こうした不安は説明会で解消されているべきですが、もし面接の段階でもこれらの質問が出てくるようなら、個々の不安にきちんと向き合う必要があります。小さなモヤモヤが積み重なり、それがうまく解消できず、最終的に内定辞退を選んでしまうことも大いにあり得るからです。

安全欲求が満たされると、愛情や所属を求める社会的欲求の段階に進みます。「横のつながりはどんな感じなのですか？」「先輩と後輩は仲がいいのですか？」などの質問をする就活生がいたら、社会的欲求の段階にあるのだと理解してください。そして、「うちはサークル活動もあって、みんな仲良くやっているよ」など、社内の人間関係がわかるエピソードを伝えてあげてください。

「この会社でがんばっていけば、自分は認めてもらえるのだろうか」などという発言が出てくる就活生であれば、承認欲求の段階にいます。キャリアパスや昇給制度、社内表彰等の制度について詳しく伝えると士気を高めてくれるでしょう。

「仕事を通して、目指す自分に近づけるのだろうか」といった高い理想について語る就活生は、既に自己実現欲求の段階にいます。このようなタイプには、若手であっても努力を重ねれば経営にも参加できること、新規事業を任せられることなどを語り、「うちに入社してくれれば君の夢が実現に近づくはず」とまっすぐに伝えてください。

欲求段階を見誤ると、まだ安全欲求の段階にいる相手に対して経営参加の話を持ち出し、不安を煽ってしまったり、すでに自己実現欲求の段階にいる相手に「先輩との飲み会は楽しい」という話ばかりしてがっかりされてしまったりするものです。そのような見誤りはそのまま、選考の辞退に直結しかねません。

適性や能力を見極める質問もしなければならない中で、欲求段階を判断して適切な訴求ワードを伝えていくのは大変なことですが、就活生の心をつかむためにはここが肝だと銘じておきましょう。

一般に、大手企業や人気企業への就職を狙って3年生の時点からあちこちのインターンシップで経験を積んでいるような学生には成熟したタイプが非常に多いといえます。既に自己実現の欲求を語り始めていることも珍しくありません。

また「できるだけ早く独立するつもりなので20代前半で貯金1000万円目指します」などと明言し、メガベンチャーを狙うような学生もキャリアビジョンが明確で、自己実現欲求の段階に達している場合がほとんどです。

逆に、4年生になってから焦り始めた就活生はビジョンがまだ芽生えておらず、生理的欲求から安全欲求のあたりに留まっているケースが大半です。

同じ大学4年生でもどの段階にいるのかは人それぞれです。

ただ現実問題として、中小企業、とりわけ不人気業界だと、生理的欲求から安全欲求のあたりに留まっている学生の中から選ぶケースがほとんどです。例年の傾向を参考にしながら、基本的には、「仲良くやっていこうね」とか、「一緒に将来を考えていこうね」など、響くワードを探しておくと効果的ではないでしょうか。

物事のメリット・デメリットを「Iメッセージ」で伝える

相手の欲求段階を見極めたら、それに合わせた訴求ワードを使いながら会社の魅力を効果的にアピールしていかなければなりません。

そのときに、キラキラとしたメリットについてだけ力を入れて話しても信頼されません。同時にデメリット、さらにはそれらを乗り越えるための考え方についても一緒に提示することではじめて、メリットについても耳を傾けてもらえるのです。

たとえば、大きな会社には、経営の安定性というメリットはあるかもしれませんが、全国転勤のデメリットがあります。説明会や面接の場で、転勤への不安を口にする就活生も少なくありません。だからこそ、「そもそも転勤ってそんなに悪いことなのだろうか?」と提起するのです。

あるいは、「自分も転勤を経験しているけれど、同じ職場に何10年もいるよりは、いろいろな地域でたくさんの経験を積むことで価値観が広がったから、むしろよかったと思っている」などと語ることも効果的です。

ベンチャー企業などの場合には「若くても経営参加できて、社長に近いところでバリバリ仕事をやっていける」というメリットがあったとしても、「なんでもやらされるから、毎日とても忙しくてプライベートがなくなる」というデメリットがあり得ます。そんなときには「自分も20代の頃に一生懸命働いたからこそ、いま会社経営ができるまでになった。あの頃の経験は宝だと思っている」などと話すイメージがわいてきます。

このように、切り口を変えることで、デメリットはもはやデメリットでなくなるのです。

こうした話をするときにぜひ心がけていただきたいのは、自分を主語にした「Iメッセージ」で常に伝えることです。

結婚式のスピーチを思い出してみてください。

招待客がそろって涙を流すのは、「我が社は社員○○人、全国に支社が△△社、その中で新郎は□□部に所属しており」などといったスピーチではなく、「お前とは色々あったよな!」などと熱く語りかけるスピーチではないでしょうか？

遅刻をしたときにも「会社の決まりとして遅刻はダメです」と言われるより、「遅刻されたら、（私が）困るんだよ」「遅刻するとまわりから信用されなくなると（私は）思うよ」と、常に自分を主語にして言われる方が心に響くといえます。

会社のメリット・デメリットも、仕事のやりがいも、すべては「Ｉメッセージ」で語ることで、語り手の体温とともに相手の心に届くのです。

実践７　「行き当たりばったり」の採用を防ぐには

行き当たりばったりの採用、していませんか？

さて、ここからは面接のノウハウについてお伝えしましょう。

「採用担当者もそれぞれ好みが違うから、通過させる人がバラバラで一貫性がない」「トップの言うことがすぐにブレるから、一次、二次でどんな人を通過させればいいのか迷う」といった声を聞くことがよくあります。要するに、採用基準が行き当たりばったりで変わってしまうケースです。

また、「あの就活生、感触はどうでした？」と尋ねてみても、「別に、普通です」というなんともつかみどころのない返事をする面接官も少なくありません。面接官自身のなかに採用の軸がなく、「まあ〝普通〟だからいいかな」という程度の感覚でしか判断できていないのかもしれません。

こうした状況に陥らないようにすることは、面接の基本中の基本です。

【事例】 あるベンチャー企業のケース

あるベンチャー企業の経営者は、人材について高い理想をもっていました。

「将来的には幹部社員として活躍してほしいからリーダーシップもコミュニケーション能力も必須ですね。それから、うちは仕事量が多くて根気と体力がいるから運動部出身じゃないと無理。それも、できれば県大会ベスト4のレベルくらいが理想だね。あとはやっぱり、ある程度の学力は必要だから、最低でもGMARCHくらい卒業していないと。これから海外との仕事も増えるからTOEICは最低700点だね。もちろん、PCも人並み以上に使いこなせないと困るよ」

理想像にこだわってバーを高く設定しても、すべてを満たす学生など現れません。

一次や二次面接で「概ね」条件を満たす学生を最終選考に進めると「彼、運動部じゃないよね？なんで最終まで上げたの？」などと経営者から厳しく指摘が入ります。

面接官はそんなバーの高さを気にするあまり、「概ね」合致しているというレベルの学生では、通過させないようになってきました。そうすると、今度は「コストだってかかっているんだから、もっとどんどん送り込んでくれよ。英語もPCも後でなんとでもなるから、とりあえず元気な声で挨拶できればそれでいいよ」と一気にバーを下げたのです。

いったいどんな人物を通過させればいいのか、現場はすっかり混乱しているということです。

「そんなハイスペックな人材が実在するのだろうか？」という極端な理想に始まり、バーの高さが行き当たりばったりで上下するというのは笑い話のようですが、よくあるケースの1つです。「何を目指して、どんな人材を集めるのか」という採用の軸をそもそも持っていなかった、または途中で見失ってしまった典型例だと言えるでしょう。

このような企業は、求人広告の文面や説明会でアピールする内容等にもほとんど一貫性がなく、行き当たりばったりになりがちです。そうすると現場の面接官はどんな学生を採用すべきなのかがわからなくなり、就活生も企業が何を求めているのかが見えなくなってしまいます。

結果的にうまくいかないのは当然のことといえます。

なぜ、行き当たりばったりの採用になるのか？

行き当たりばったりになることなく、一貫性のある採用を実現すること。

それは本当に大切なことなのですが、ここまで見てきたように、決して簡単な仕事ではないことをご理解いただけたものと思います。

欲しい人材を採用できる面接とは、外側に枝葉が茂っているだけでなく、地中に深く根を張った木のようなものだと思うことがあります（図表23）。

枝葉として十分に茂らせなければならない力を挙げると、「論理的思考」「質問力」「プレゼン力」「事前準備」、そして「面接練習」になります。とはいえ、いかにスキルを身につけて準備や練習を重

〔図表23　面接に必要な要素〕

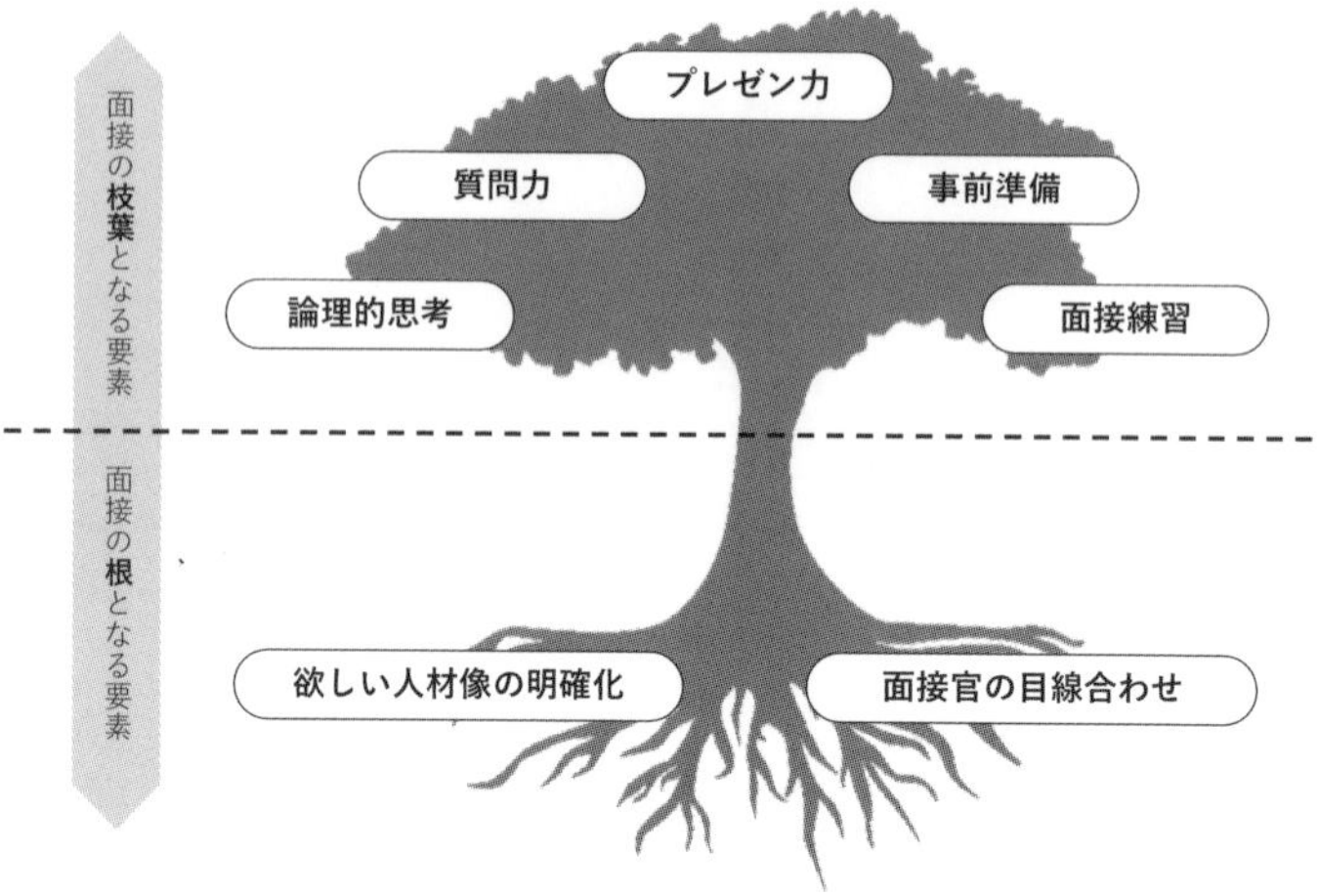

ねても、「欲しい人材を明確化し、それを採用に携わる社員全員で共有して目線を合わせておく」という根がなければ、すべては行き当たりばったりになってしまうのです。

では、しっかりと根を張るには、どうしたらよいのでしょうか？

図表24は、私が面接官研修のときによく使うワークです。

「おにぎり、カレーライス、サンドイッチ、ラーメン、チーズの盛り合わせの中から、あなたが好きなものをひとつ選んでください」

答えは当然バラバラですよね。

これは欲しい人材を明確化することも、面接官同士で目線を合わせることもせず、各々が直感に従って「なんとなく好ましい人物」を選んだ面接の結果と同じです。

もはや、面接として機能しているとは言いがた

〔図表 24　面接官研修ワーク（例）〕

Q. 以下の中で、あなたが好きな食べ物は？

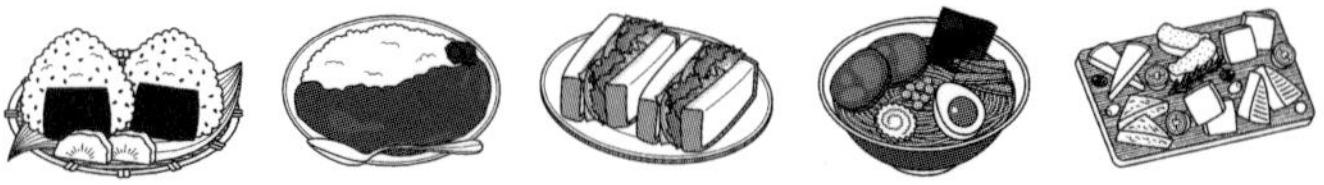

a.おにぎり　b.カレーライス　c.サンドイッチ　d.ラーメン　e.チーズ盛合せ

い状況です。

経営層や現場のトップが「自分はこういう人物と働きたいんだ」と自己責任のもとで選ぶなら、それはそれでありかもしれません。しかし、責任を負う立場にはない面接官１人ひとりが、それぞれ非論理的な基準を持ち込んでしまえば、会社にとって本当に必要な人材を選ぶことはできません。

それでは、ここでひとつ要件を定めることにします。

「このなかで、赤ワインに合う料理を選んでください」

これで全員の答えが「チーズの盛り合わせ」でぴたりと一致しました。このように、要件を１つ決めることで採用基準が明確化し、複数人数で面接をしてもブレがなくなります。

「欲しい人材を明確化し、それを採用に携わる社員全員で共有して目線を合わせておく」とは、このようなことをいうのだと私は考えています。

とかく日本人は「察する」ことに重きを置きがちですが、欲しい人材のイメージを言葉に落とし込み、明確化することが必要なのだと、ここでご理解いただければ幸いです。

実践8　「MUST要件」と「WANT要件」の決定と共有が成否を分ける

一次、二次面接は「不合格のMUST要件」でふるいにかける

図表24のワークから、面接は要件を決めておくことで初めて機能することがわかりました。採用シーズンが始まる前に、社内で話し合い共有しておくべき要件は次の3点です。

・合格のWANT要件「こんな要素をもっていてくれたら理想的」という要件
・合格のMUST要件「この要素を満たしてさえいれば必ず採用」という要件
・不合格のMUST要件「この要素をもっている人は必ず不採用」という要件

よく耳にする「リーダーシップがあって、コミュニケーション能力が高くて、頭の回転が速くて」というのは、すべてWANT要件です。これらの要件は定量的な判断ができず、○×ではっきりと決められない点に特徴があります。

対して、MUST要件とは、○×で判断がつくものです。仮に、「東大を卒業していたらどんな人物であっても絶対に採用する」という企業があれば「東大卒」がMUST要件になります。とはいえ、実際には、東大卒だからといって挨拶もできない、目も合わさないという社会性のない人物を企業は採用しません。つまり、合格のMUST要件は存在しないも同然なのです。

私がこれまで何百社と見てきた中で、合格のＭＵＳＴ要件をもっていたのはただ１社だけです。それは「どんな人物でも構わないから、この資格を持っていれば必ず採用する」というものでした。よほどレアな資格なのでしょう。

そうしたことがない限り企業は人物像を見ますから、やはり合格のＭＵＳＴ要件というものは、「ほぼ存在し得ない」と言い切れるのです。

不合格のＭＵＳＴ要件も、◯か×で答えの出るものです。

たとえば、「身だしなみが整っていない」「人と目を合わせない」「ＴＯＥＩＣが７００点以下」「当社が第３志望以下」などは◯か×で判断することができます。

それに対して、「声が小さい」など、人によって判断が変わるようなものは、不合格のＭＵＳＴ要件としては相応しくありません。

私が採用の支援をする際に必ずお伝えしているのは、「特に一次・二次面接は合格のＷＡＮＴ要件を追い求めるのではなく、不合格のＭＵＳＴ要件でふるいにかけてください」ということです。不合格のＭＵＳＴ要件を決めたら、すべての就活生に同じ条件でチェックするのです。

たとえば、通常業務には必ず組織的行動が伴うため、「団体行動が苦手」であることを不合格のＭＵＳＴ要件にしたとします。その場合は、すべての就活生に「団体行動は得意ですか？」などと同じ質問を投げかけることになります（当然ながら質問のセリフや流れなども工夫は必要です）。

そのようにして、不合格のＭＵＳＴ要件を基準にしてふるいにかけ、ＷＡＮＴ要件に沿っている人物なのかどうかをじっくりと見ていくのが一次、二次面接です。

この不合格のMUST要件について、採用担当者のあいだできちんと目線を合わせずに面接を始めると、相応しくない人物が最終面接に上がってきてしまうなどの混乱が生じます。

よい質問とは「業務への適性の有無」が測れる質問

WANT要件は面接官の好みが出やすいものでもあるので、社内でじっくりと話し合い目線を合わせておく必要があります。

漠然としていて難しければ、この数年間に入社した若手の中でうまく機能している人物の特徴を分析してみるのもよいかもしれません。採用担当者だけで考えずに、現場に意見を求めるやり方も、私自身は推奨しています。

本来、合格のWANT要件とは、単なる社長の好みなどでない限り、仕事の適性にからんでいる場合がほとんどです。したがって、WANT要件に関する質問は必然的に、適性の有無を判断するものとなるはずです。しかし、これはなかなか難しく、準備せずに臨むと判断がつかないままただ時間が過ぎることにもなりかねません。

ここで1つのケースをもとに考えてみます。たとえば、「特にチームワークが重要な職場なのでコミュニケーション能力や協調性のある人を採用したい」と全員一致で決めたとしましょう。

そのとき、あなたが面接官ならどんな質問を投げかけますか?

NG例：
前提「よし、チームワークのことなら、スポーツ経験の有無を訊けばいいだろう」
質問「これまでにどんなスポーツを経験してきましたか？」
回答「野球です」
⇩これだけでは、コミュニケーション能力や協調性の有無を測れないだけでなく、質問の意図が伝わらずに「プライバシーに踏み込まれた」と思われてしまうかもしれません。

OK例：
前提　右に同じ
質問「うちの仕事はチームで動くことが多いんですよ。あなたはこれまで、何かチームとして活動して成功した体験はありますか？」
回答「台風で地元が被害を受けたときに、サークルのメンバーで集まって役割を決めて、地域の子どもやお年寄りの支援をしたことがあります」
⇩質問の意図を理解したうえで独自の体験を語ってくれているので、そこから本人の資質を推測し、可否を判断することができます。

ちなみに、私が営業職希望者の面接でよく使うのは、「アルバイトやサークル活動などを通して、自分が得意だと思った作業と苦手だと思った作業を教えてください」という質問です。

そこで、「得意なことはみんなの意見を取りまとめることです。苦手なことは数字の計算です」という返答があったとします。

発言の通り「みんなの意見を取りまとめることが得意」なのであれば、社交性や協調性のある、営業向きの人材であると期待することができます。

しかし、常に売上との闘いである営業マンにとって、数字は切っても切り離せないものです。

その意味で、「数字が苦手」は不合格のＭＵＳＴ要件です。

そこで必ず「数字はどの程度苦手ですか？」と深掘りします。

その答えが「ざっくりした足し算、引き算や割合を理解するのも難しい」というレベルならば、人柄がどんなに素晴らしくても採用は見送ることになります。

いかがでしょうか？

一緒に仕事をしていく上で望ましい資質や適性を推し測るための質問を事前に練り、適切な形で本人にぶつけることで、初めて「その人」が見えてくるのです。

その結果、「ぜひうちに来てほしい人材だ」と響くものがあれば、「うちは君に合っていると思う。なぜなら」とつなげることができます。この「なぜなら」をきちんと説明することで、相手は「自分のことをわかってもらえた」と感じるわけです。

非常にデリケートで難易度の高い仕事ではありますが、このような形で就活生とも信頼関係を築いていけるところに面接官の仕事の醍醐味があると私は確信しています。

実践9　面接では「訊いてはいけないこと」がある

厚労省のガイドライン、チェックしていますか？

「学生たちにどんな質問をぶつけてやろうか？」

そんなことを考えてワクワクしている面接官もいるかもしれません。

ですが、採用面接で訊いてはいけないことがあるという基本中の基本をご存知でしょうか？

応募者の適性や能力とは関係のない事柄で採否が決定されないように、厚生労働省では「本人に責任のない事柄」、「本来自由であるべき事柄（思想信条に関わること）」について面接時に質問してはならない、と明確にガイドラインを定めているのです。

（https://www.mhlw.go.jp/www2/topics/topics/saiyo/saiyo1.htm）

面接とはいえ、相手は大切な1人の個人です。

このガイドラインを遵守することは、相手の基本的人権を守ることでもあります。

事前にしっかりと理解して、このガイドラインに抵触しない質問を考えておくことは不可欠な面接準備の1つであるといえます。

たとえば、「購読している新聞は？」という質問はＮＧです。

「○○新聞を読んでいる人は右寄り、△△新聞を読んでいる人は左寄り」などといった解釈が、世間ではよく行われています。本来、人がどのような政治信条をもとうが、それは自由であるはず。購読紙を確認するというのは、本来自由であるべき領域に足を踏み入れて、ジャッジを下すことに他なりません。

また、面接の定番だと思われがちな「尊敬する人物は？」という質問も同じ理由でＮＧです。仮に特定の政治や宗教に関する人物の名前があがった場合、それをもとに採否を決めることは人権を侵すことにつながります。まったく別の理由で不合格にしたとしても、後になって「宗教が理由ではないか？」などと問われる可能性も出てきます。不合格のＭＵＳＴ要件に関係するなど、よほど訊かねばならない理由がある場合を除いて、訊く必然性も感じられません。

また、「出身はどこですか？」と気軽に訊くことも気をつけてください。たとえば、その地域に特徴的でネガティブなイメージが付きまとっている場合、やはりその人が不採用になった際に「出身地の問題なのではないか？」と問われる可能性があります。

「兄弟姉妹はいますか？　あなたは何番目ですか？」という質問もＮＧです。「長男や長女には責任感がある、末っ子は甘えん坊」などという理論にこだわる方もいますが、何のエビデンスもありませんし、生まれた順番に本人の責任はありません。

それで能力を測られるのだとしたら、明らかに人権侵害だといわれ兼ねません。

これらのＮＧ例に共通しているのは、「業務への適性を測る」という目的とはまるで関係のない、訊く意味のない質問だということです。行き当たりばったりでこのような質問を重ねて、相手に悪

〔図表25　面接官トレーニング　チェックリスト〕

面接官ができていない項目は改善しましょう

- □ 自社の採用媒体及び採用ページを熟読している
- □ 会社説明会の内容や募集要項・福利厚生を把握している
- □ オンライン面接の事前準備（マイクやカメラの確認など）を毎回行っている
- □ 採用の目線（合格基準）が統一されている
- □ 主観は交えずに客観的な判断ができている
- □ 緊張をほぐすための雑談を適切に行える
- □ 厚労省が定める採用選考のガイドラインを理解している
- □ 学生への質問事項を予め考えている
- □ 学生の志望度を高めるトークができる
- □ 面接のロールプレイを行っている

印象を持たれる面接官は、残念ながら令和の今も少なくありません。

訊くべき質問

これらに対して、訊くべき質問とは何でしょうか？

「デリケートな話なので、訊いてはいけないのではないか？」と多くの人が躊躇しがちですが、「業務に支障の出る可能性のある病気や体質」については確認する必要があります。

特に日常的に車を運転する仕事や高所作業が多い仕事の場合は、てんかんやうつ病、高血圧など、事故につながる可能性のある病気についての質問はお互いのために必須です。

対面の面接で訊きにくければ、事前にアンケートに記入してもらう形でもよいかもしれません。常に目的から考える習慣を身につけましょう。

＜第４章まとめ＞

【実践５】

面接官の最大の仕事とは、会社の魅力を自分の言葉で伝えること。その姿勢が就活生の入社意欲に大きな影響を及ぼす。

【実践６】

就活生が「マズローの欲求５段階説」のどこに位置しているのかを見極めた上で話すこと。見当違いな発言は選考辞退を招く。

【実践７】

行き当たりばったりの採用とは、たくさんの料理の中から、各自が好きなものを選ぶことと同じ。これでは面接として機能しない。

【実践８】

行き当たりばったりの採用を防ぐには「合格の WANT 要件」「合格の MUST 要件」「不合格の MUST 要件」を決めることが必須。

【実践９】

基本的人権を守るべく、厚労省は面接で「訊いてはいけないこと」を明記している。ガイドラインは必ずチェックしておくこと。

第5章　欲しい人材を「逃さない」ための4つの実践

～内定辞退を防ぐためのノウハウ～

実践10　採用は「後出しじゃんけん」で勝つ

内定後の辞退は回避できるのか

ここからは内定後の対応について見ていくことにします。

現在の平均的な内定辞退率は50％ほどです。不人気業界や「3K」と言われる職場などでは70％に達することもあります。基本的に、複数の内定を手にした学生が、1社を除いたすべての内定を辞退せざるを得ないのは仕方のないことだと考えています。

その一方で、第2章の基礎5（56頁）でお伝えしたように、オンライン化が進んだことによって、企業の温度を肌で感じる機会が少なくなり、「働く自分」をイメージできないことが理由で内定を承諾する覚悟が決まらない就活生も増えています。

逆に情報の海に溺れ、業種を絞りきれずに就職活動を始めてしまい、複数の内定を手にしてから「自分は何をしたいのか？」と改めて考え出す就活生もいます。

あるいは、対面でのコミュニケーションを重ねてうまく関係を構築していたとしても、内定後の心変わりによって、あっさりと辞退する就活生も珍しくありません。

このようなケースは、対策次第で回避できるのではないでしょうか。

ここで1つ失敗例を見てみましょう。

【事例】　ある不動産業のケース

ある会社で内定を出した際に泣いて喜んでくれた女子学生がいました。その喜び方に感激して採用担当者も一緒に涙してしまうほど、深い信頼関係もできていたそうです。

にもかかわらず、その後どれだけ待っても彼女は内定承諾書を提出してくれませんでした。再度連絡を取って理由をよく聞いてみると、友人から「その会社はブラックに違いない」などといわれて、気持ちがくじけてしまったのだそうです。そうではないと説得したものの、既に彼女の気持ちは離れてしまっており、内定辞退という残念な結果に終わってしまいました。

これだけ情報が氾濫している時代ですから、内定を手にした就活生のもとにも当然さまざまな情報が届き続けます。しかも新しい情報は新鮮なので、どうしてもよく見えてしまいます。

「内定をもらったあの会社より、こっちの会社のほうがいいのではないか？」

情報が上書きされれば、そんな風に感じることも決して少なくありません。

ここで覚えておきたいのは、採用は「後出し」した人が勝つじゃんけんと同じだという点です。つまり、最後の最後まで情報を提供し続けた会社が勝つのです。

もう１つ付け加えるならば、企業と就活生との関係性は内定を出した瞬間に逆転します。

内定を出すまでは、企業側に「選ぶ側」としての強みがありました。

しかしながら、内定を出した次の瞬間から、辞退する権利をもっている就活生のほうが優位に立つことになります。

採用は内定を出した後が勝負

採用は内定を出した後が勝負だといっても過言ではありません。

内定承諾書を提出してもらえなかったり、最後の最後で他社に流れたりするケースでは、敗因は概ね「後出しじゃんけん」ができていない点にあるといって差し支えありません。就活生の手元に届く情報は常に上書きされているという前提で、自社の魅力を何度でも伝える必要があります。

また、採用期間中に何度も質問を重ね、理解したつもりでいても、いざ内定が出て、「来春から自分が働く場所」として企業を見れば、より具体的な不安も生じてくるものです。そうした新たな不安にも丁寧に対応していかなければなりません。

特に注意が必要なのは、採用人数が多い企業です。

基本は段階を踏んで内定を出していくので、先に内定を出した就活生のフォローがどうしても手薄になりがちなのです。全員が決まってから内定者フォローを始めるのではなく、先に決まったメンバーから順次フォローしていく姿勢が求められています。

内定者はどんなフォローを求めているのか

では、内定者は具体的にどのようなフォローを求めているのか、そしてどのようなことを不安に思っているのか、データをもとに見ていくことにします。

図表26は、「内定承諾書を出す企業を決める際には、どのようなフォローが必要なのか」を問い

〔図表 26　2023 卒採用　就活生が意思決定に必要だと思うフォロー〕

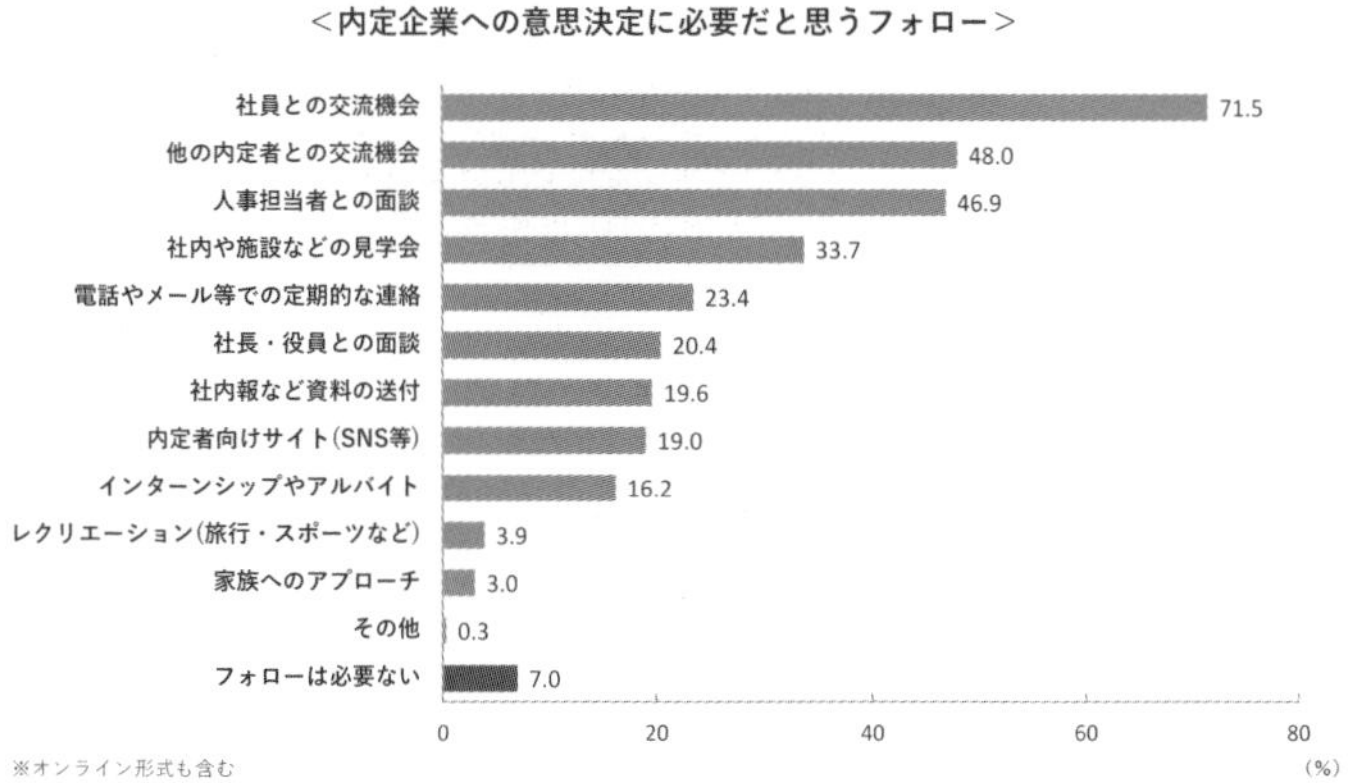

出典：2023 年卒５月１日時点の就職活動調査（(株) ディスコ　2022 年５月）

かけたアンケートです。

上位に「社員との交流機会」「他の内定者との交流機会」が入っていることから、実際にどんな人たちと働くことになるのかについて、さらに具体的な情報を求めていることが伝わってきます。「フォローは必要ない」という回答が7％しかない点からも、内定者を放置しておくことの危険性がご理解いただけるのではないでしょうか。

図表27は、「内定承諾書を出すためには、さらにどのようなことを知りたいか」という点を深掘りしたアンケートになります。

「実際の仕事内容」「給与水準、平均年収」「残業、休日出勤の実態」など、自分が安心しながら働くことを見据えた際に必要となってくる詳細情報が上位にあがっています。

裏を返せば、これらをセミナーや面接の場で把握し切れていなかったわけです。そのまま放置してお

〔図表 27　2023 卒採用　就活生が内定企業に求める情報〕

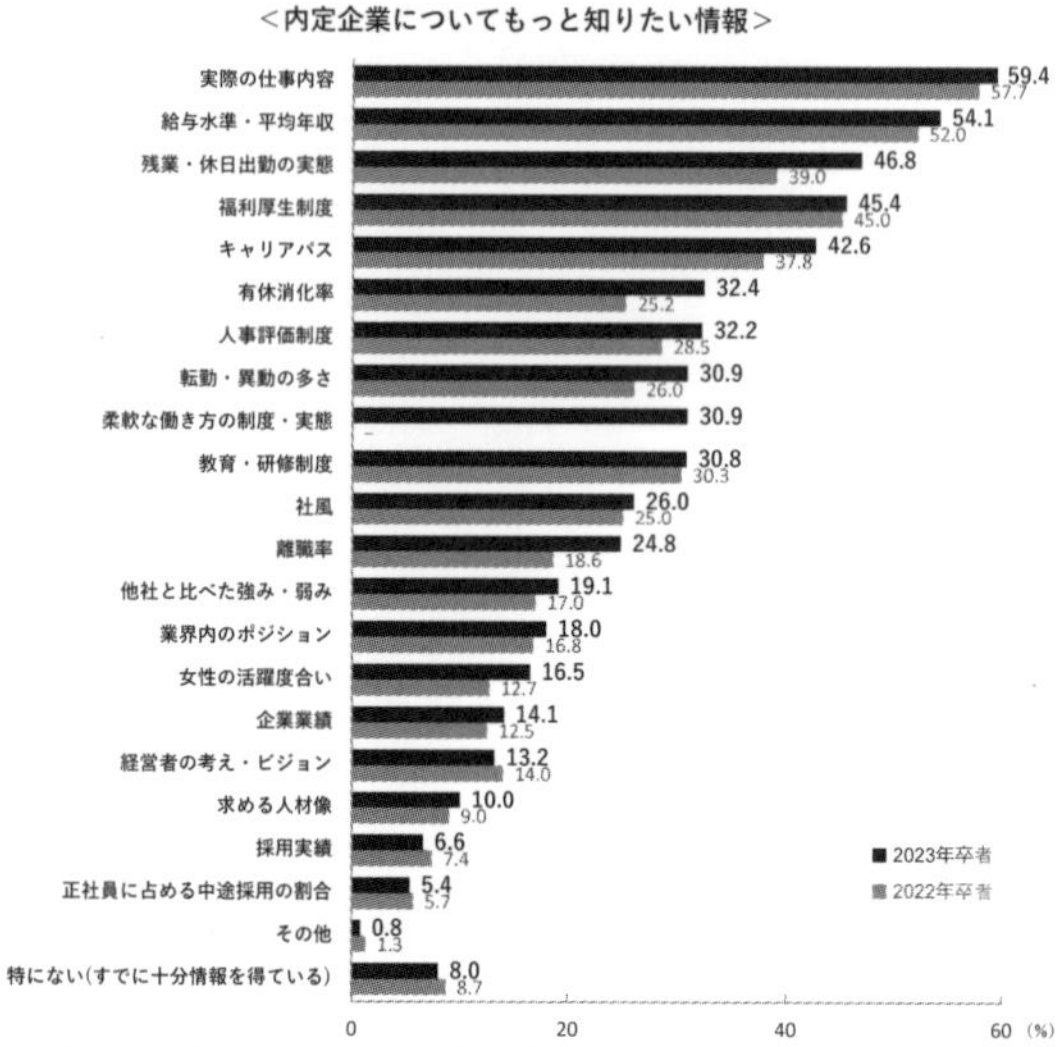

出典：2023 年卒 5 月 1 日時点の就職活動調査（(株) ディスコ　2022 年 5 月）

〔図表 28　2023 卒採用　入社予定先企業を決めた後の不安〕

入社予定先企業を決めた後、不安になったことはあるか
※入社予定先の企業を決めている学生で集計

	23年卒
n=2,840	全体
不安になったことがある	60.1%
不安になったことはない	39.9%

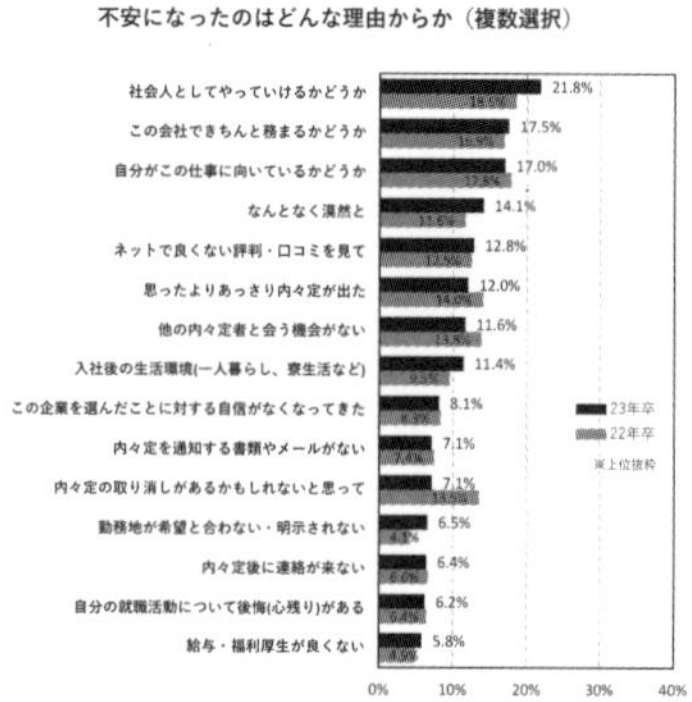

出典：マイナビ　2023 年卒 内定者意識調査（(株) マイナビ　2022 年 7 月）

くと、内定辞退へと転じる原因になりかねません。

図表28からは、入社予定先企業を決めた後、言い換えれば、内定承諾書を提出した後でさえ、不安を感じている人が約60％にも上ることがわかります。

「社会人としてやっていけるかどうか」「この会社できちんと務まるかどうか」といった、やや漠然とした理由が上位に入っていますが、「ネットでよくない評判、口コミを見て」というものも入っています。「後出しじゃんけん」で確実に上書きしていくことの必要性が伝わってくるデータだといえます。

実践11　「マズローの欲求5段階説」を応用する

「マズローの欲求5段階説」を応用する

第4章の実践6（94頁）で「マズローの欲求5段階説」についてお伝えしました。これは、内定取得後の就活生の心理にも当てはめることができます。

すべての内定者は、「とにかく内定が欲しい」という生理的欲求の段階はクリアしています。

この前提に立ったとき、給料や休日出勤、業務の具体的な内容のことを心配しているのであれば、安全欲求が満たされていないといえるでしょう。

先ほどの図表27が示す通り、安全欲求が満たされないまま、内定を手にしている就活生が多い現状を見て取ることができます。特に選考をオンラインだけで完結した会社には、そのような傾向が強いといえます。

そんな場合は、内定者を対象に、どんな質問でも受け付ける座談会のような場を改めて設けることも必要かもしれません。

安全欲求が満たされれば、愛情を求めたり、帰属意識が高まったりする、社会的欲求の段階へと移行します。内定を出すとすぐに飲み会を開きたがる会社が多いのですが、会食の場が真に効果を発揮するのはこの段階に到達してからです。

内定者同士や先輩社員とのつながりがしっかりできると、承認欲求が芽生えます。

ビジネスマナー研修などを受講することで、確実にスキルアップしている自分を自覚できれば、「これで周囲に認められる社会人になれる」という自信とともに気持ちがその先へと向かいます。

入社する時点で到達していれば理想的だといわれるのが「これからいい仕事をして成長したい、社会にも貢献したい」などと考える自己実現欲求の段階です。

単なる書類提出という意味ではなく、「内定を承諾する」という精神的な覚悟を決められるのは、この段階に達した内定者です。

もちろん、複数の内定者が同じペースでこのステップを上がっていくわけではありません。

1人ひとりに合わせた場を設けるのは難しいものですが、全体的な段階をおおまかに把握しつつ、個々人にもそれぞれ適した声かけができるよう気を配っていく必要があります。

〔図表29　内定者フォローの基本的な考え方〕

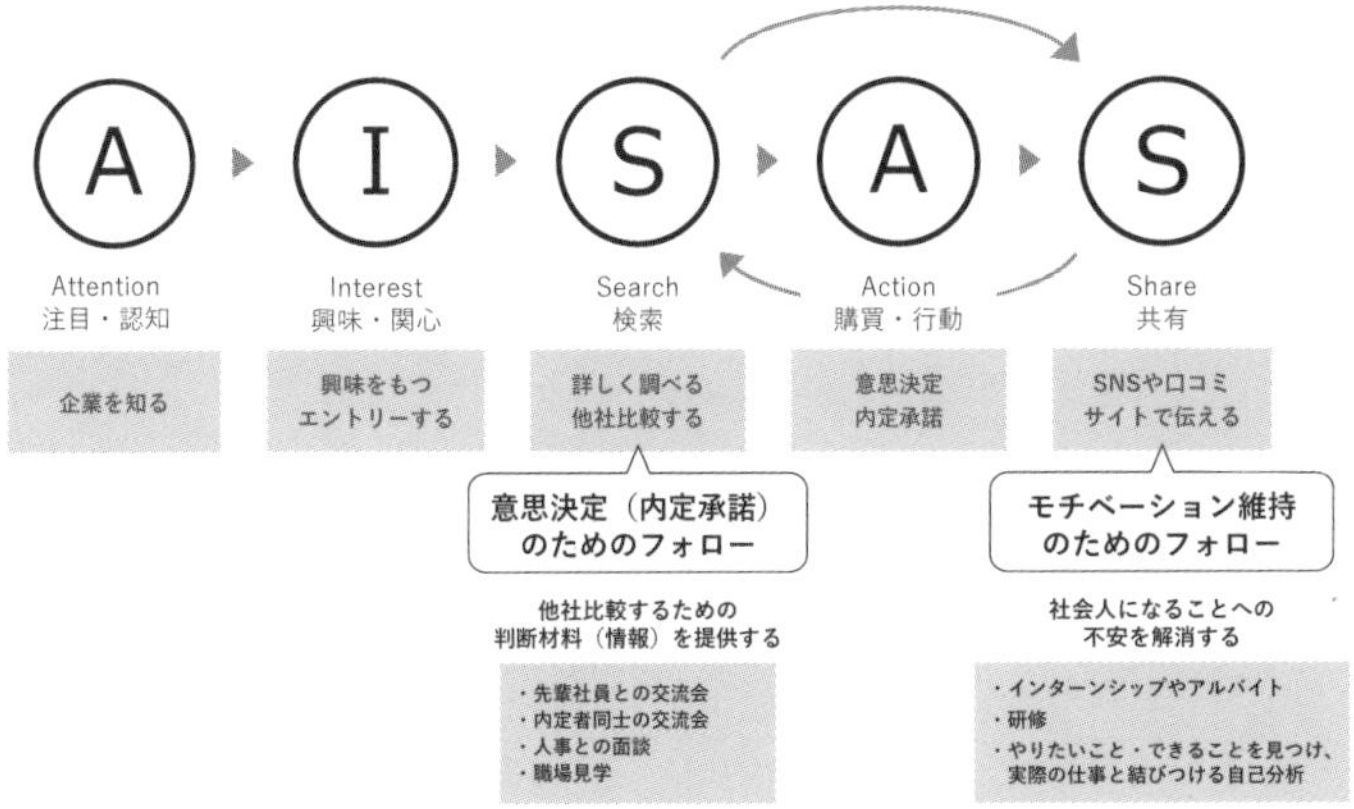

内定者フォローは2段階に分けて考える（図表29）

内定者フォローは、時期によって2段階に分かれます。

1段階目は、内定承諾書を出してもらうためのフォローです。

特に、他社に先駆けていち早く内定を出そうとするあまり、セミナーや面接を「スピーディ」に進めたという自覚のある会社は、改めて会社説明会を開催するような気持ちでフォローに着手する必要があります。

特に会社説明会をオンラインで実施する会社は、内定出しの後に十分な情報提供をすることをおすすめします。説明会の内容をほとんど覚えていないケースも頻繁にみられます。

2段階目は、内定承諾書を出してもらった後のフォローです。

実際のところ、内定承諾書に法的な拘束力はありません。提出後であっても、気持ちが揺らげば他社に流れてしまうことは十分にあり得るので、ここでもフォローは欠かせません。

少し大げさないい方にはなりますが、入社式に姿を見せるその時点までしっかりとフォローし切るだけの覚悟が、採用担当者には求められているのです。

これら2段階のフォローについては、第2章の基礎2（42頁）でお伝えした「ＡＩＳＡＳの法則」の図を見返していただくと、より理解が進むものと考えます。

1段階目は最初の「Ｓ」に該当します。

最終面接を終えた多くの就活生は、複数の内定を手にしています。この中から1社を選ぶために比較検討している就活生に向けて、いかに意思決定のフォローができるのか？

ここは企業にとっては大きな岐路になります。

2段階目に当たるのが2つ目の「Ｓ」。内定承諾書を出した後のフェーズになります。

この段階でモチベーションを維持することができなければ、就活生は再び最初の「Ｓ」に戻り、他社との比較を始めてしまいます。そうなれば、これまでの努力がすべて水の泡になるおそれさえ出てきてしまいます。

採用担当者としては、何としても避けなければならない事態です。

情報が氾濫しているこの時代、就活生はいつでも目移りする状態にあるということを念頭に置き、2つの「Ｓ」の観点をしっかりと用いて、内定者フォローに尽力してください。

実践12　忘れてはならない「オヤカク」対策

親はどんな会社に入ろうが心配なもの

人が大きな決断を下すときには、決め手となる何かが必要です。

それも、1つではなくいくつかあったほうが、安心して思い切ることができるものです。

では、昨今の就活生が決め手の1つとして求めがちなのは、何だと思いますか？

それは「オヤカク」。つまりは親の確認です。

一部の行き過ぎた親を前面に出して誇張しているだけではないか、と思われるかもしれません。ですが、最近私自身がある企業の採用担当者に会いに行った際に受付で居合わせたのは、まさに今面接を受けている就活生の母親でした。付き添いでやってきて、終わるまで待っているのです。後日その採用担当者に確認したところ、「よくあること」だというので驚きました。

昨今は、親世代もインターネットを使いこなしているため、就活の現状をしっかり把握しているケースがほとんどだといえます。その中には、一昔前のような「大手でなければ」といった価値観をもつ保護者も少なからず存在します。

内定が出たと親に伝えたところ、「そんな小さな会社で大丈夫なの？　まだ時間はあるんだから、もうちょっと活動すれば、もっといい会社に入れるんじゃない？」などと諭されて内定を辞退し、就職活動をやり直した、というケースも何度か耳にしたことがあります。

多大なコストをかけて採用している企業にとっては手痛い損失であり、本人にとっても活動のタイミングを逸してしまっているため、厳しい道のりになることは目に見えています。

昔は、どうしても入社してほしい人材が親の反対にあった場合、部長クラスが菓子折りを持参して本人の実家まで説得に行くようなこともあったそうです。さすがに今はそんな話は聞きませんが、最後の最後に親が出てきてすべてが御破算になるリスクもあるという事実は、頭の片隅に置いておく必要があるといえます。

1歩引いて考えれば、そもそも親というものは、仮に子どもが一流大手企業に決まったところで「そんなに大きな会社に入って大丈夫なの？」と、つい口に出してしまうのではないでしょうか？結局どこに入ろうが、何をしようが、親は心配でならないわけです。そんなことまで気に留めるべき時代になったのかと、嘆きたい気持ちも理解できます。だとしても、現実は現実として受け止める。それが採用担当者に求められる素養の1つであると心得ましょう。

親を説得するためのフォローも重要

僭越な言い方にはなりますが、採用担当者は、保護者の子離れを促すという意味でも、就活生がきちんと親を説得できるようにフォローする必要があると考えています。

たとえば、アミューズメント関連など、保護者や祖父母世代がポジティブなイメージをもたない業界では、反対されることを見越して予め保護者向けのパンフレットを作成したり、保護者向けの説明会を開催したりするケースも最近では増えてきています。

もちろん、そうした対策はマストではありません。ただ、どの業界であれ、内定を出してから親が関わってくるというケースは少なくないと思って対策を立てておくことは重要です。

そのためにも、「その就活生の内定承諾の決裁者は誰なのか」を把握しておくべきです。

特に地方在住者の場合は、祖父母の強い反対で内定を辞退するケースが十分にあり得ます。

熟練した採用担当者は、就活生とのコミュニケーションを通じて「内定を承諾するにあたって、ご家族の中で心配な点はありますか？」「迷ったらご家族の誰に相談しますか？」などとさりげなく聞き出すことがあります。そこで「父親が反対したらどうしよう」などという言葉が出てきたら、本人が父親を説得できるよう、先回りしてフォローすることが可能になるからです。

では、具体的にどのようにフォローすればよいのでしょう？

これは就活生本人に、親を納得させることができるだけの具体的なビジョンや、未来への展望を語ってもらう以外に方法はありません。いわば、直球勝負です。

たとえば、「お母さんは不安だって言うけれど、僕はここでがんばって店長を目指したいんだ」「エリアマネージャーになって店舗運営を学んで、将来は独立したいんだ」などといったように、先々の展望までしっかりと語ることができれば、一定の親が納得するはずです。

とはいえ、それには相応の困難が伴います。先ほどの「マズローの欲求５段階説」の最終段階である自己実現の欲求にまで達していなければ、このようなことを自力で語るのはなかなか難しいものだからです。内定が決まってもなお、「どんな仕事をしたいのか」ということはおろか、自分自身の性格すら把握できていない就活生も少なくありません。

採用担当者がじっくりと話を聞き、考えを整理し、一緒に答えを見つけていくことで、内定者は親を説得するための論理を組み立てられるようになります。そして、これらのことを考える時間が本人の成長、さらには入社後の活躍にもつながっていきます。

抜け道や特別なテクニックはありません。正面から課題にぶつかるのみです。

実践13　採用担当者の仕事は、新入社員が「定着」して完了

「仕事内容をもっと知りたかった」という声がもっとも多い

第3章の実践4（81頁）で、「採否を決めるということは、相手が新卒であっても、中途であっても、アルバイトであっても、その人の人生を大きく左右すること。採用担当者はそこに責任をもたなければならない」とお伝えしました。

そのような意味でも、採用担当者の仕事は決して「採用して終わり」ではありません。

採用担当者としての仕事を十分に果たしたといえるのは、新入社員が安心して入社し、戦力として活躍し、会社とwin-winの関係になったときだと私は考えています。

〔図表30　2021年入社新入社員への調査〕

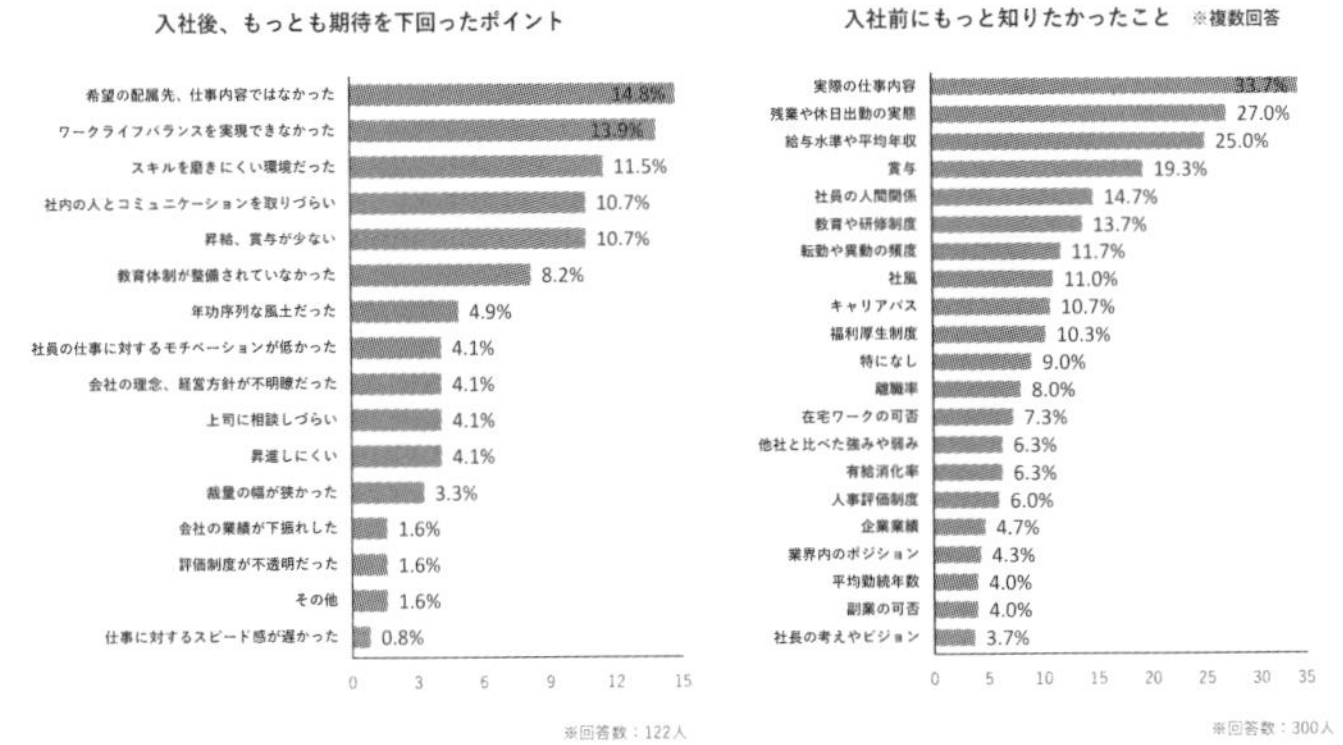

出典：2021年卒対象　入社後状況に関する調査（レバレジーズ（株）　2022年3月）

入社したものの、ミスマッチが原因で早々と離職することになった場合、企業側にも「せっかく採用したのに」という、怒りとも悔しさとも少し違う複雑な気持ちが残るものですが、同じことを新入社員の側から見れば「採用担当者の言葉を信じて入社を決めたのに、実際は全然違ったじゃないか。これからの人生をめちゃくちゃにされてしまった」という怒りを禁じ得ないケースも十分にあり得ます。そうなれば、お互いにとってあまりに悲しい結末だといわざるを得ません。

図表30は、新卒で入社した企業に対する意識調査です。入社後にもっとも期待を下回ったこととして「希望の配属先、仕事内容ではなかった」が、また入社前にもっと知りたかったこととしては「実際の仕事内容」がそれぞれ一番にあがっています。それ以外に、もっと知りたかったこととして、「残業や休日出勤の実態」「給与水準や平均年収」が続いている点に鑑みれば、実際に働くうえで重要な事柄を、企業の側がまだまだ

伝え切れていない。そんな実態が透けて見えてきます。

先にもお伝えした通り、企業が「伝えた」と判断するのではなく、就活生の側が「伝わった」と評価するわけです。この理解が十分には進んでいないのかもしれません。

採用担当者の「あまり赤裸々に伝えてしまうと、内定承諾をためらわれるかもしれない」という躊躇と、就活生の「なんとなく訊きづらい」という遠慮が重なった結果として、このような事態が起こってしまいます。それは早期離職の原因にもなり得るので、企業としては決して無視できない重要な問題です。

いらない躊躇と遠慮の両方をなくすこと。

それを採用のすべてのプロセスにおいて常に意識し、特に内定後のフォローに際しては最優先事項と捉え、意味のあるコミュニケーションを心がけてください。

ミスマッチは必ず起きるもの

とはいえ、新入社員が1人も辞めないということはあり得ません。

むしろ、ミスマッチは必ず起きるものと考えておくほうがはるかに健全です。

みなさんは「パレートの法則」をご存知でしょうか？「全体の2割の働きアリが8割分の食糧を獲得してきて、残りの8割のアリは2割の食糧しか持ってこない」という組織にも通じる理論です。

2割がよく働くアリ、6割が普通のアリ、2割がまったく働かないアリであるともいわれます。

だからといって、よく働くアリだけを選りすぐって集めても、その中で新たな2対6対2の法則が成り立つとされています。いわゆる「少数精鋭」は1つの幻想ということです。

組織にも通じるとお伝えしましたが、会社に当てはめていうならば、上の2割は「自ら気づいて行動できる人たち」、真ん中の6割は「気づいてはいるが行動に移せない人たち」、そして下の2割は「気づけない人たち」です。「下の2割」には採用のミスマッチも含まれます。

無論、1人も離職しない組織が絶対的によいわけではありません。組織の新陳代謝のためにも、この2割を無理に引き留めておく必要はないのかもしれません。

とはいえ、入社してもらった大半の新入社員、つまり真ん中の6割の人たちを早期離職させず、どのようにして成長を促していくのか、ということはまさに経営課題に他なりません。

少し話はそれてしまいますが、新入社員のフォローアップ研修として、モチベーションアップやポジティブシンキング、コミュニケーション力アップなどのテーマはぜひ取り上げたいところです。これらの研修を通じて、早い段階で成長を促すことができます。それが早期離職を防止する1つの砦になるということです。悩みを打ち明ける場を求めている新入社員はたくさんいます。入社後は研修担当者が責任をもって指導するというケースが大半ですが、何かあると馴染みの採用担当者を頼る新入社員も少なくありません。ガス抜きをさせながら、現状の不安や要望をうまく聞き出し、同時に叱咤激励もできる。そんなよき先輩でいられれば、まさに採用担当者冥利に尽きる。そういっても決して過言ではありません。

<第５章まとめ>

【実践 10】

就活生は後から入ってくる新しい情報に魅力を感じるもの。つまり、採用は「後出しじゃんけん」と同様で、内定を出した後も情報を常に上書きし続けることが大切。

【実践 11】

内定者にも「マズローの欲求５段階説」が応用できる。形だけでなく精神的にも内定を承諾してもらうには、「自己実現欲求」の段階に到達していることが理想的である。

【実践 12】

「オヤカク」を疎かにすると、親の反対によって内定辞退されてしまうリスクがある。内定者が親を説得できるようにフォローすることも、採用担当者は意識すべき時代になった。

【実践 13】

採用担当者の仕事は、新入社員が定着し、戦力として活躍を始めた段階になって完了したといえる。早期離職の原因にもなりかねない情報提供不足には十分に注意が必要。

第6章

欲しい人材を「集めて、惹きつけて、逃がさない」ための4つの鉄則

～最適な採用計画設計のポイント総まとめ～

鉄則1　採用したい人材像＝ゴールを想定して社内で共有する

ポイントは「不合格のMUST要件」を決めること

本書もいよいよ最後の章に差し掛かりました。

ここまで読み進めてはみたものの、「さて、何から取りかかろうか」と半ば途方に暮れている方もいらっしゃるかもしれません。

これまで感覚的に採用してきたという方であれば、どのような人物を採用したいのか、経営層、部長クラス、課長クラス、皆で話し合う時間を設けることが第1歩になります。

これは、新卒採用であっても中途採用であっても同じです。

そして、話し合うタイミングはその年の採用活動を始める前とお考えください。

今年の採用に向けた広告やパンフレット、ホームページなどを制作したり、インターンシップやセミナーの企画を立てたりするにあたって、コンセプト＝ペルソナ＝ぜひとも採用したい人物像が一貫していなければならないからです。

もはやそんなことはないと想像しますが、「面接までに考えよう」ということでは母集団形成に向けた制作物などに一貫性をもたせることができず、当然、それを見て集まってくる応募者の目指す方向性もバラバラで、そこから先の選考がとても難しいものになってしまいます。

採用の軸となる欲しい人材像が定まったら、第4章の実践8（104頁）で詳しくお伝えしたように、合格のWANT要件、合格のMUST要件、不合格のMUST要件を整理します。

繰り返しになりますが、よくある失敗例では「GMARCHレベルの学歴があって、運動部で主将経験があって、ビジネス英語ができて、ITツールの扱いが得意で」といった合格のWANT要件に振りまわされてしまうケースを見てきました。

しかし現実には、そのような人物は存在しません。

理論的にはどこかに存在するのかもしれませんが、現実で出会える可能性はゼロに近いですし、仮に出会えたところで、自社を選ぶ確率はもっと低いものになります。

「リーダーシップがとれて、経営にも関心がある人物」が欲しいという希望があるのであれば、必ずしも輝かしい人物ばかりが集まるわけではない面接において、どのような人物を通過させるのか、またどのような人物を通過させないのかをきちんと言語化して、経営層、人事部、面接官に至るまで、全員で共有しておかなければなりません。

そのときもっとも大切なのが「人と目を合わせない人物」「当社が第3志望以下である人物」など不合格のMUST要件を決めることです。

私がこれまで見てきた事例からも、不合格のMUST要件を決めずに走り出してしまう会社は、選考基準がぼやけて失敗する確率が高いといって差し支えありません。

欲しい人材像を決めるときは時代背景も考慮する

中には、「我が社は昔から伝統的にこういう人物を求めている」というこだわりのある企業も少なくないと想像します。

もちろん、そうした変わらぬ本質はいつでもとても大事なものですが、それと同時に時代の流れを意識することも重要です。

時代とともに、特に若い世代の価値観は大きく変化します。

今年入社した若手の現在の様子なども考慮に入れながら、これから採用すべき人物像について、しっかりと考えていくことが必要ではないでしょうか。

少し前まで、サービス業に求められていたのは、接客能力の高い人材でした。

それが昨今では、さまざまな業務がシステム化したりＡＩに置き換わったりしたことで、むしろそうした人材よりもシステムを扱える技術者の方が重宝される傾向にあります。

あるいは営業職なども、かつての「足で稼ぐ時代」は体力と根性のある人が向いていましたが、今ではＩＴツールを使いこなせる人物の方が求められます。

こうした時代の変化は、社内の誰もが把握していることと思います。

ですが、それを「欲しい人物像」にまで具体的に落とし込めているかといえば、意外と上層部と現場との間にズレが見られる場合も少なくありません。そのまま採用プロセスが進んでしまうと、残念な結果が待っていることはいうまでもありません。

鉄則2　自社のアピールポイントを明確化する

自社の魅力の棚卸は必須と心得る

当たり前のことですが、母集団を集めるには自社をアピールしなければなりません。

これまで私も多くの企業の採用を支援してきましたが、よいところのない会社などありません。にもかかわらず、意外なことに思われるかもしれませんが、働いている社員たちが自社のアピールポイントを理解していないケースは非常に多いといえます。

採用活動を始めるにあたっては、一度、自社の魅力を棚卸してみることをおすすめします。棚卸をしっかりと終えたあとで、欲しい人材像＝ペルソナに合わせて、どのポイントを前面に押し出していくのかを決めていきます。

この点は、欲しい人材像の明確化はもちろんのこと、採用活動のファーストステップとしても、非常に重要なことだと考えています。

発信すべきは、欲しい人材に刺さるキーワード

自社の魅力や特徴は、発信したいものを発信すればよい、というわけではありません。

大切なのは常に受け手＝就活生の視点で、受け手がどんな情報にアンテナを立てているのかを十

分に考慮することが重要です。

たとえば、朝のニュースで「今日のあなたのラッキーカラーは赤です！」といわれれば、なぜか赤いものばかりが目につくものです。

ずらりと本が並んだ書店でも、最近気になっているテーマのタイトルだけは、なぜかぱっと目に付いたりします。このような「日頃から意識しているものは視覚的にとらえやすい」という現象を、一般に「カラーバス効果」と呼んでいます。

あるいはパーティー会場のような雑然とした場所にいても、自分の名前や日頃から意識している言葉であれば、遠くで話されていてもはっきりと聞き取ることができます。このように「日頃から意識している言葉は聴覚的にとらえやすい」という現象は「カクテルパーティー効果」と呼ばれます。

これらの効果を応用して、欲しい人材が日頃から意識している事柄を十分把握し、それと関連するキーワードを散りばめながら、自社の特徴や魅力をアピールしていくことは非常に効果的です。

また、自社の魅力や特徴を発信するにあたっては、社会情勢を読むことも欠かせません。

たとえば、コロナ禍などによって社会に不安が蔓延したり、景気が急激に落ち込んだりすると、チャレンジングなキーワードよりも「安定」や「安心」といった優しいキーワードのほうが人の心に刺さりやすくなります。ＳＤＧｓなどの訴求が効果的なのも、社会が不安定な時期です。

時代の流れを読みながら、自社の求める人材像が日頃から気にかけているキーワードを探っていく。その先に自社ならではの、そして今年ならではの、メッセージが浮かび上がってきます。たしかに難しい取り組みではありますが、意識と戦略によって十分に克服することができます。

鉄則3　入社意欲を高めるための仕組みを構築する

内定者の入社意欲を高めるためのポイント

内定辞退率が50％に達するこの時代、内定承諾率が上がるように、つまり内定者の入社意欲が高まるように対策を練ることは、間違いなく採用を成功させる鉄則の1つです。

内定辞退の対策については第5章で詳しく見てきましたが、ここでもう一度整理しておきます。

ポイント①　不安の解消

内定者の入社意欲を高めるためのポイントは2つあります。

1つは内定者の「不安の解消」です。

選考に支障が出るかもしれないという懸念から質問できずにいたことや社会人になることへの漠然とした不安は、内定者であれば多かれ少なかれ誰もが抱えているものです。そんなモヤモヤが内定後に膨らんでくることは珍しくありません。それがネックとなって、内定承諾書を出す決心がつかないという話もよく耳にします。

このようなケースでは、内定承諾書の提出を強引に迫ると、入社しても早期離職してしまう結果につながる場合が少なくありません。

第5章の実践11（119頁）でもお伝えしたように、疑問点やモヤモヤとした気持ちを吐き出してもらう場を設けることが必要になってきます。

とはいえ、内定者が社員に気軽に質問するというのも難しいものです。

そのような場合には、採用支援のコンサルタントなど、第三者が間に入って内定者からの率直な意見や質問を聞き取り社員にぶつける。そのような形をとるのがもっとも効果的です。社員にしかできないことがある反面、採用担当者や社員はやらないほうがよいこともあります。両者の見極めをしっかりと行うことが大切なわけです。

私自身も内定者と社員の間に入って質問を受けることがあります。

ある小売業の会社では「万引きは日常的にあるのですか？　私たち社員が万引き犯の対応まで行わなければならないのかと想像すると、とても不安なのですが……」という声があがりました。セミナーや面接では訊きづらかったそうです。

しかし、社員の方から万引きの対応は専門の業者に依頼しているとの返事があり、不安は解消されました。私もほっとした記憶があります。

親からの反対や、同時に内定をもらった他社のことなどで悩んでいるケースも十分あり得ます。なかなか内定承諾書を出さない内定者がいる場合には、何がボトルネックになっているのかを的確にキャッチアップして、徹底してフォローすることが必要です。

ポイント②　モチベーションアップ

もう1つのポイントは、内定者のモチベーションアップを図ることです。

特に新卒採用の場合は、内定から入社までの期間が長いので、モチベーションが下がらないよう研修を続けていくことが大切です。

第2章の基礎5（56頁）でもお伝えしたように、採用活動にオンラインを取り入れるようになってから、就活生が会社のことをよく知らないまま内定に至ってしまうケースが増えました。

内定を出してから比較的早い時期は、会社のことをさらに知ってもらうための座談会をはじめ、内定者同士の人間関係を構築し、深めるためのワークショップ、さらには、コミュニケーションやチームビルディングを学ぶための研修などが効果的です。

慣れてきたら、社会人としての心構えやビジネスマナー研修、そして、今後のキャリアについて考える場を加えていくのもいいでしょう。

以前、私が驚かされたのは、内定者研修で「利益を追求しろ、という話ばかりする会社のことをどう思う？」と訊いたところ､内定者が口々に「そんな会社はブラックですね」と話したときです。しかし、会社は利益をあげないと社員に給料も払えないし、納税もできないし、まして社会貢献もまったくできない、という話をしたところ、皆さんびっくりされていました。

これまで「内定をもらう」ということだけをゴールにしてきた内定者は、私たちが想像している以上に知らないことが多いのかもしれません。

いずれにせよ、時期に合わせて、また今年の内定者が全体的にどの程度のレベルなのか、様子をしっかりと観察しながら、研修の内容を決めていくことが必要です。

成長の実感とともに、自信をもって内定承諾書を出すことにもつながっていきます。

これらのポイントを十分に押さえたことで、かつて私は小売業界でトップクラスだった企業の内定承諾率を14％上げたことがあります。全国展開しているその企業の新卒採用数は約３００人。内定辞退率は60％で想定していたので、かなりの母集団を集めなければなりませんが、もちろん限界があります。そのときに目指したのが、承諾率を上げることで母集団の人数不足をカバーする、というゴールでした。

入社意欲を高めてもらうためには、様々な要素が必要です。

簡単ではありませんが、だからこそやりがいを感じるフェーズであるともいえます。

採用活動期間中から「育てる」意識をもつ

入社意欲を高めるうえで、「企業が就活生のモチベーションを高めるべく努力する」だけでは、必ずしも十分であるとはいえません。

何より必要なのは、本人が成長すること。

内定者自らが「成長したい」という強い想いをもつことです。

力量のある採用担当者と出会った就活生は、就職活動期間を通して自ずと成長していきます。

何度もお伝えしてきた「マズローの欲求5段階説」に即していうならば、最初に出会ったときは「とりあえず、来年から働く場所がないと困る」といった「生理的欲求」の段階にいた就活生が、セミナーや面接を経て自分が働いている姿を少しずつイメージし、様々な意欲や希望をもつように変化していきます。

相手が今どの段階にいるのかを見極め、そこにあった言葉をかけて、次の段階へと導いていく。

採用担当者の役割は選ぶだけでも、選ばれるだけでもなく、採用期間を通して、成長を促すことだといって差し支えありません。つまり、育成までもが本来の役割なのです。

それは単に内定承諾書を出してもらうためだけでなく、社員として高い意識をもって社会人のスタートを切ってもらうためでもあります。

私が内定者の成長を促すためによく話すのは、「当たり前」という言葉についてです。

当たり前とは、「あるのが容易い」ことを意味しています。

それを説明したうえで、「では、当たり前の反対語は何でしょう?」と内定者に問いかけます。

「あるのが容易い」ことの反対は「あることが難しい」、つまり「有難い」。

一見すると当たり前のように見えることも、誰かのありがたい下支えがあって初めて成り立つ。

そんな風に考えることで日々の物事の見え方が変わってきます。

しかし、話はそこで終わりではありません。

次の質問は、「では、あなたの周りで当たり前のように見えるけれど、実は「ありがたい」ことは何でしょうか？」　それについてまた考えてもらいます。

内定者も入社して半年、1年と時間が経てば、必ず上司が、先輩が、お局さんがとやがて文句を言い始めます。ですが、自分を支えてくれている上司や先輩たちがいるおかげで、「ありがたい」日々も当たり前のように過ごせているわけです。働くうえで、感謝の気持ちを欠くことは絶対にできません。そのような話を予めしておくことで、入社後の自分に思いを馳せ、決意を固めてもらう。そうした時間を持つことが必要なのだと考えています。

鉄則4　外部の専門家と連携する

採用をすべて内製するのは無理がある

釈迦に説法のような話ですが、採用の仕事は実に多岐に渡っています。

マーケティングやPRの知識も必要ですし、セミナーでは常に最前線に立たねばならず、面接の日程調整には膨大な時間がかかります。就活生1人ひとりと深い信頼関係をつくっていくためには、人間性も大きく問われることになります。

日程調整で神経をすり減らしたり、信頼していた内定者から内定承諾書を提出してもらえずにショックを受けたりして、急性胃腸炎になってしまった採用担当者を何度も見てきました。

それだけ大変な仕事であるにもかかわらず中小企業の人事部は人数が少なく、総務や経理などと兼務しているケース、営業などの現場と兼務しているケースも少なくありません。よって、採用のハイシーズンともなると、絶対的に手が足りなくなる場合がほとんどです。

母集団形成から内定者フォローに至るまで、すべてのステップを社内で完結させようとすると、就活生としっかりコミュニケーションをとって信頼関係をつくるなど、本来手をかけるべき段階が手薄になってしまいます。

どこまでを内製して、どこから先を専門の業者に外注するのか。

予算と相談はしながらも、熟考することが非常に重要なのではないでしょうか。

外注のメリットは、単なる業務の軽減だけではありません。一般に人事部は異動や転職が多く、ノウハウを蓄積しづらいという悩みを抱えがちです。それが外注することによって、そして、その外注先との関係を続けていくことによって、ノウハウを十分に蓄積していくことができるのであれば、非常に大きなメリットといえます。言い換えればノウハウの外部ストレージみたいなものです。

そうなると、採用関連の業務のうち、何を外注すべきなのかという疑問が浮かんできます。

この疑問に対してはいくつかの観点から回答を示すことができます。それぞれ順を追って詳しく見ていくことにしましょう。

まず、採用業務を棚卸して、「社内でできること」と「社内ではできない／したくないこと」を分類するという方法が挙げられます。

たとえば「マーケティングのことがよくわからなくて、ターゲットに合わせた求人広告を社内でつくるのは難しい」とか、「広告をつくるのは得意だけれど、すべての就活生にリマインドメールを送る時間が確保できない」など、さまざまな問題を想定することができます。

その一方で、専門の業者は、採用設計の全体を手がけるコンサルタント、広告制作、採用事務、面接官の研修、セミナー企画など、非常に細分化されています。不得手な部分や人手が不足している部分は、洗い出してプロに頼んでしまうのも1つの手であるといえます。

次に示すのが、採用業務を「コア業務」と「ノンコア業務」に分けるという方法です。

たとえば、就活生と直接関わる業務に十分なマンパワーを割くために、データ入力や応募者へのリマインドメール送信などノンコア業務を専門の業者にアウトソーシングするという考え方も十分検討の余地があります。

他方、「コア業務こそプロに任せる」という考え方にも頷ける部分があります。

求人広告もセミナー資料もプロである第三者の目を通すからこそ説得力が増すものといえます。知識や技術が不足している素人が的外れなものをつくってしまえば、費用対効果も見込めません。

コアの部分こそプロに頼る、という方法は利にかなっている。私自身はそう考えています。

業者の言葉に振りまわされない

先ほどお伝えしたように、採用を支援する業者は実に細分化されています。

それぞれの業者は自分たちの専門領域しか見ていないため、広告代理店であれば「母集団形成ができなければ始まらないのだから広告に力を入れるべきです。それがマーケティングの原則です」などと力説し、研修会社であれば「面接官がトレーニングを積めば通過率は目に見えて変わるし、内定辞退率も大幅に下がります」と実績を示して説得してくるものです。

もちろん、これらの言い分自体は間違っていません。ですが、予算に限りがある以上、必然的に力を入れるポイントを選ばなければなりません。

声の大きい業者に流されるのではなく、業務を棚卸して「社内ではできない／したくないこと」または「ノンコア業務」にコストをかけるのか、「コア業務」にこそプロの目を入れるのか、熟考して判断する必要があります。

私がこれまで見てきた限り、この点を理解している経営者は少数でした。それ以外の経営者は、声の大きな業者の言いなりになったり、逆に広く薄くコストをかけてしまったりしがちです。

その原因は、採用の流れを「輪切り」にできていないことにあると私は考えています。それぞれのステップの要点を理解せず、全体だけを見て「○○万円で○人採ろう」との考えに留まっている。それを防ぐためには、採用の6ステップを正確に理解し、自社の課題がどこにあるのかを洗い出す作業が先決です。業者への発注はそれから考えても決して遅くありません。

外注はしたいがコストはかけたくない。それもよくある話です。

そんな企業側の懐事情をわかった上で、値引きを持ちかけてくる業者も多々あります。とりわけ広告代理店の価格競争は熾烈です。企業にとっては、一見うれしい提案かもしれません。とはいえ、価格競争からいったい何が生じるのでしょうか？

薄利多売でノルマを達成しようとすれば、1つひとつの広告づくりが雑になります。本来ならば専門のライターがその会社のことを把握した上で書くべき求人広告の原稿も、コスト削減のために営業社員が適当に書いてしまうケースもあります。自社で作成したパンフレットやホームページがどんなに素晴らしくても、代理店を通してマイナビやリクナビに出した求人広告の質が低ければ、母集団は思うようには集まりません。

そうなれば、パンフレットやホームページの作成にかけた時間やコストまでもがムダになってしまいます。価格の安さについ目を奪われて、求人広告の原稿の重要性を忘れてしまうと、こうしたデメリットがはっきりと表に出てきます。しかし、広告さえ出してしまえば、広告代理店としての仕事は終了です。後のことまではまったくケアしてくれません。

適性価格を大きく下回るような業者には、それなりの理由があるのです。

あなたはそこに社運をかけられますか？「安物買いのゼニ失い」にならないように、この点はぜひとも声を大にしてお伝えしたいと思います。

採用の成否は「採用担当者と就活生がいかに信頼関係を築けるか」という点にかかっています。

そして、人の採否の決定はその人の人生を左右することでもあります。

どうか、それだけ価値のある仕事だということに誇りをもって、今後も取り組んでください。

最後までお付き合いいただき、本当にありがとうございました。

＜第６章まとめ＞

【鉄則１】

採用したい人材像（＝ペルソナ）を決めて、全員でシェアすることがファーストステップ。そのうえで、「合格のWANT要件」「合格のMUST要件」「不合格のMUST要件」の３つを決める。

【鉄則２】

自社のアピールポイントは、欲しい人材像に合わせて決めることが鉄則。パンフレット、ホームページ、広告など、すべての面で発信に一貫性をもたせる。

【鉄則３】

超売り手市場の現在、内定辞退は平均して約50％。内定承諾書を出してもらうには実際に働く上での不安を徹底的に取り除くことと、モチベーションアップを図ることが重要。

【鉄則４】

すべての採用業務を内製するには大変な労力が必要。だからこそ、「できないこと／したくないこと」「ノンコア業務」などを切り出して、専門家に依頼する。さらに、「コア業務」だからこそ依頼する、という方法もおすすめ。

おわりに

本書を手に取っていただき、ありがとうございました。

何か少しでも、採用のヒントになりましたでしょうか？

採用活動をお手伝いする企業の数が増えれば増えるほど、「採用には答えがない」ということがよくわかります。

答えがない。それ故に、様々な採用支援会社が独自の考え方と成功法をもって、ありとあらゆる提案をしてきます。皆様の会社にも、毎日毎日営業の電話が鳴り続けていますよね。

これが採用を複雑にする大きな理由です。

話を聞けば聞くほど、「採用は非常に難しいことなのではないか？」と混乱しませんか？

そして、営業担当がすすめるどのサービスもいいように思えてきて、予算が許す限りすべてを導入すべきなのではないか……と考えるようになりませんか？

そんなときは、できる限り原点回帰してシンプルに考えることが大切です。

本書では様々な採用手法についてお伝えしましたが、どれもシンプルに考えて実践し、たしかな成果へとつながったものばかりです。

今後もテクノロジーを駆使した新たな手法はいくつも登場することでしょう。それらによって、採用市場が複雑化したように錯覚することもあるかもしれません。

そんなときもまた、立ち止まってシンプルに考えてみてください。そうすれば必ずすべきことが見出せるはずです。

採用担当者として忘れてはいけないもっとも大切なこと。

それは、「採用とは人の人生を左右してしまう仕事」だということです。

経営に直結する事柄ですし、明確な採用人数も設定されるので、数値目標達成のために必死になることもあるでしょう。しかし、単なる人数合わせの採用は、ミスマッチによる早期離職の原因になるだけです。

会社側も痛手を負うことは言うまでもありませんが、入社早々に退職してしまった人は自身のキャリアアップやスキルアップも叶わず、退職癖がついてしまう可能性もあります。双方にとって何のメリットもありません。

プレッシャーになってしまうかもしれませんが、そんな責任のある仕事だからこそ、自分自身の努力によって自社の採用が真の成功を収めたときには、会社からも入社した方々からも感謝され、強烈な達成感を味わうことができるのです。

採用や教育などは、時代に合わせて形を変えていくものだと感じています。

先にも記したように、シンプルに考えれば物事の本質は変わらないのですが、最新のトレンドや考え方を知らなければ、本質を捉えることもできなくなってしまいます。

だからこそ、私はどんなときも現場の声に耳を傾ける「現場ファースト」の人間でい続けたいと考えています。

本書を手に取っていただいた方の中には、「シンプルに考えるとは一体どういうことなのか？」「自分の周りには相談相手がいない」という方もいらっしゃるかもしれません。

そんなときはぜひ、お話を聞かせてください。

できる限りお会いしたいと考えていますし、難しければ電話だけでも構いませんので、リアルな現場の声を聞かせてください。私自身にとってもとても貴重な機会になりますし、そこでの会話が1つのきっかけとなって貴社の採用が少しでも成功に近づくのなら、この上なく幸いです。

最後に、本書を出版するにあたりまして、セルバ出版の森忠順社長、ならびに、同社とのご縁をつないでいただきました株式会社アレルドの細谷知司社長に感謝申し上げます。

そして、私に貴重な経験を積ませてくださったすべてのお客様、業界内の方々へも重ねてお礼を申し上げます。本当にありがとうございました。

2023年2月

笹木　耕介

内定者・新入社員から管理職対象まで様々な研修を全国各地で実施
※写真は幹部研修の様子

著者略歴

笹木　耕介（ささき　こうすけ）

1985年東京生まれ、株式会社HRトリガーCOO
2005年企業研修人事コンサルティング会社の設立に参画。法人営業の数々の記録を更新し、2013年に執行役員へ就任。

研修講師としても上場企業をはじめ年間100回以上登壇、のべ1万人を超えるビジネスパーソンへ研修を行う。また採用の支援も得意としており、特に内定者のフォロー施策、面接官やリクルーターの養成、採用活動のオペレーション構築を行う。

大手サービス業において、内定承諾率の14％改善を図り、採用数300名の目標を単年度で達成するなど数字に直結する実績を多く持つ。

2019年10月株式会社HRトリガーのCOOに就任。各種階層別研修の設計から登壇、採用のコンサルティングなどHRに関わる支援を行う。

2021年共著で『「強い人材」を育てるための研修設計入門』（スタンダーズ）を上梓。

その他、フジテレビ「めざましテレビ」、TBS「サンデーニュースBizスクエア」などメディア出演も多数。

採用現場の教科書
中小企業が新卒採用で成功するためのシンプルな方法

2023年3月27日　初版発行

著　者　笹木　耕介　© Kosuke Sasaki

発行人　森　　忠順

発行所　株式会社 セルバ出版
〒113-0034
東京都文京区湯島1丁目12番6号 高関ビル5B
☎ 03（5812）1178　FAX 03（5812）1188
https://seluba.co.jp/

発　売　株式会社 三省堂書店／創英社
〒101-0051
東京都千代田区神田神保町1丁目1番地
☎ 03（3291）2295　FAX 03（3292）7687

印刷・製本　株式会社 丸井工文社

Printed in JAPAN
ISBN978-4-86367-796-8

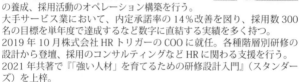